ASSAINISSEMENT DE PARIS

COMMISSION MINISTÉRIELLE

MINISTÈRE DE L'AGRICULTURE ET DU COMMERCE

OBSERVATIONS

DES INGÉNIEURS DU SERVICE MUNICIPAL DE PARIS

AU SUJET DES PROJETS DE RAPPORT

PRÉSENTÉS PAR MM. A. GIRARD ET BROUARDEL

M. ALFRED DURAND-CLAYE

Ingénieur des Ponts et Chaussées, Rapporteur.

EXTRAIT DES ANNALES INDUSTRIELLES

(Livraisons des 24, 31 juillet, 7, 14, 21 août et 4 septembre 1881.)

SAINT-GERMAIN

IMPRIMERIE D. BARDIN ET Cie

80, RUE DE PARIS, 80.

ASSAINISSEMENT
DE PARIS

COMMISSION MINISTÉRIELLE

MINISTÈRE DE L'AGRICULTURE ET DU COMMERCE

OBSERVATIONS

DES INGÉNIEURS DU SERVICE MUNICIPAL DE PARIS

AU SUJET DES PROJETS DE RAPPORT

PRÉSENTÉS PAR MM. A. GIRARD ET BROUARDEL

M. ALFRED DURAND-CLAYE

Ingénieur des Ponts et Chaussées, Rapporteur.

EXTRAIT DES ANNALES INDUSTRIELLES

(Livraisons des 24, 31 juillet, 7, 14, 21 août et 4 septembre 1881.)

SAINT-GERMAIN

IMPRIMERIE D. BARDIN ET Cie

80, RUE DE PARIS, 80.

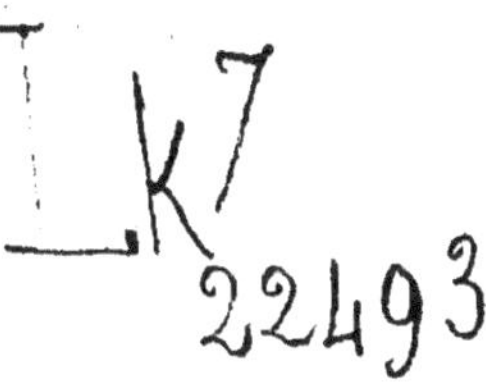

IMP. D. BARDIN, ET Cie, A SAINT-GERMAIN.

ASSAINISSEMENT DE PARIS

EXPOSÉ

Au mois d'août et de septembre 1880, des plaintes plus ou moins vives s'élevèrent de divers côtés au sujet des mauvaises odeurs de Paris ; la presse se fit l'écho de ces plaintes. La question fut successivement discutée au Conseil d'hygiène et de salubrité du département de la Seine (séance du 1er octobre 1880) et au Conseil municipal de Paris (séances des 7, 9, 11 octobre 1880). M. le Ministre de l'Agriculture et du Commerce nomma, de son côté, une Commission formée de membres appartenant au Conseil supérieur d'hygiène et au Comité consultatif des arts et manufactures.

Cette commission a chargé deux de ses membres, MM. Aimé Girard et Brouardel, de rédiger deux rapports préparatoires, l'un sur les établissements qui reçoivent ou manipulent les matières de vidange ; l'autre, sur les causes de l'infection signalée dans le département de la Seine et sur les moyens d'y remédier.

Il ne peut évidemment y avoir que communauté d'idées, au point de vue du but à atteindre, entre les rapporteurs et les ingénieurs du service municipal ; nous voulons tous également l'assainissement aussi complet que possible de Paris et de sa banlieue. Il peut y avoir dissidence sur quelques-uns des moyens à adopter.

Sur un aussi grave sujet, les responsabilités doivent être nettes : les deux rapporteurs proposent un système d'assainissement nouveau ; les ingénieurs de la Ville proposent un système, qu'eux et leurs devanciers, et en particulier le regretté Belgrand, ont cru jusqu'ici conforme aux intérêts les plus immédiats de la population parisienne, et notamment des classes les moins aisées et les plus laborieuses. Ils marchent dans la voie où sont entrées les municipalités de la plupart des grandes villes de l'étranger et que leur a tracée récemment, en ce qui concerne Paris, le Conseil municipal. (Vote du 13 juin 1880.)

L'arrêt dans le progrès hygiénique ou le retour en arrière étant impossibles, il convient de préciser nettement ce que sont les deux systèmes ; il convient de les présenter complets en les dégageant de toute controverse, et de bien dire au public, qui est le premier intéressé en cette affaire, ce dont on le menace et ce dont on prétend le gratifier de part et d'autre.

I. — RENSEIGNEMENTS PRÉLIMINAIRES SUR LES DÉTRITUS DE PARIS.

Paris. — Détritus divers, leur classification. — Paris comporte en nombres ronds 2.000.000 d'habitants, répartis sur 7.802 hectares et logeant dans 73.000 maisons. C'est environ 30 habitants en moyenne par maison, avec des écarts notables pour les quartiers ouvriers et industriels où l'accumulation s'accentue et pour les quartiers riches où le bien-être coïncide avec plus d'air et d'espace. Cette masse d'êtres humains consomme annuellement plus d'un million de tonnes de substances diverses; sa vie journalière donne lieu à une série de détritus, toujours plus ou moins riches en matières organiques, végétales ou animales, toujours susceptibles, par suite, d'entrer en décomposition, et dont l'éloignement et la disparition ou la neutralisation rapide semblent être la règle élémentaire de l'hygiène publique. Ces détritus se rangent en trois groupes principaux :

1° Les *matières de vidange*;

2° Les *ordures solides*, ordures ménagères, poussières, boues, neiges, crottins de la voie publique et des maisons;

3° Les *eaux d'égout*, comprenant les ordures liquides, eaux ménagères et eaux des ruisseaux, avec une fraction plus ou moins forte des matières de vidange, théoriquement nulle dans les villes à fosses d'aisances ou systèmes analogues, comprenant la totalité des matières excrémentitielles dans le système anglais ou du « tout à l'égout. »

Matières de vidange. — 1° En ce qui concerne les matières de vidange, les quantités produites par tête d'habitant moyen, c'est-à-dire en tenant compte des femmes, des vieillards et des enfants, sont évaluées par Frankland, aux chiffres suivants, qui se rapprochent de ceux qui ont été fournis par divers auteurs :

Produit journalier : total : 1^{k},26, dont	liquides : 1^{k},17 (93 %).
	solides : 0^{k},09 (7 %).

soit pour 2.000.000 d'habitants par jour : 2.520.000 kil. ou environ 2.520 mètres cubes, dont 2.344 liquides et 176 seulement solides.

A l'état de pureté, les 1.000 kil. de cette matière tout-venant, sont formés pour une forte part d'eau (73 à 75 %) et dosent en azote : $9^k,373$,

dont : {dans les liquides : $8^k,317$ / dans les solides : $1^k,056$} soit une dose plus de 8 fois plus forte dans les liquides que dans les solides.

Les quantités journalières d'azote rendues ainsi par la population parisienne sont donc de 23.620 kil.

Sont-ce là les chiffres que nous offre la pratique et sur lesquels peut être basée une discussion sérieuse de l'assainissement de Paris en ce qui concerne les vidanges ? Nullement : si nous prenons la matière sortant des fosses et déversée dans le réservoir commun des citernes du dépotoir de la Villette, nous la trouvons ne dosant plus que $3^k,50$ d'azote environ sur 1.000 kil., soit presque le tiers seulement du titre théorique. L'eau est encore plus abondante que dans les vidanges pures, elle atteint 97 %; ainsi sur 100 parties, 3 seulement sont formées de matières organiques ou minérales. Si nous prenons les apports faits au dépotoir en 1869, dernière année où les vidanges aient été centralisées dans cet établissement, nous trouvons un service de près de 2.000 mètres cubes par jour ouvrable (exactement 1.980 mètres cubes), soit par jour moyen de l'année, 1.700 mètres cubes qui, à la dose de $3^k,50$, ne donnent plus que 5.950 kil. d'azote. Près des 3/4 de l'azote manquent. Le service si considérable des urinoirs publics et privés, où s'évacue la matière essentiellement azotée, les quelques milliers de tinettes en service, les déplorables plombs des maisons d'ouvriers, l'écoulement direct de quelques établissements publics, et, pour une certaine part, les vieilles fosses perdues ou détériorées expliquent ce départ considérable de matières qui, en grande partie, vont à l'égout par les branchements de la maison ou les ruisseaux de la rue. Il importe de constater que la matière se rapproche d'autant plus du type le plus pur, c'est-à-dire le plus infect, qu'on a affaire aux quartiers les plus pauvres et les moins favorisés sous le rapport de l'usage de l'eau et de l'hygiène. Il résulte d'analyses recueillies par M. Belgrand et d'autres observateurs, qu'on peut constater cette échelle d'infection par les chiffres suivants :

Matières tout-venant, azote aux 1.000 kil....	9k37
Urine pure,........ —	8,96
Matière de fosse extraite rue Mouffetard, azote aux 1.000 kil..............................	6,00
Matière de fosse extraite rue Saint-Denis, azote aux 1.000 kil..............................	5,30
Matière de fosse extraite rue du Faubourg-Saint-Denis, azote aux 1.000 kil..............	4,90
Anciennes matières tout-venant du dépotoir...	à 5
Matières tout-venant actuelles du dépotoir....	3,50
Matières extraites (rue de la Chaussée-d'Antin)	1,00
— (au Grand-Hôtel).........	0,270
Eau d'égout du collecteur départemental de Saint-Denis en 1869 (recevant toutes les eaux usées ou décantées de Bondy)................	0,140
Eau d'égout du collecteur de Clichy.........	0,045

Ordures et détritus solides. — 2° Les ordures ramassées sur la voie publique forment une masse de 1.200 à 1.500 mètres cubes par jour. Jusqu'en 1870, les débris solides de toutes sortes étaient versés dès le soir sur la voie publique où ils séjournaient toute la nuit, répandant une odeur écœurante. Aujourd'hui, une réglementation plus sévère (Arrêté du 11 septembre 1870) ne tolère l'apport, dans des récipients spéciaux, qu'au moment du passage des tombereaux de l'éboueur. Les ordures ménagères dosent environ $5^k,5$ d'azote aux 1.000 kil., soit 6.100 à 6.500 kil. d'azote en tout par jour. Elles vont, sous le nom de gadoues, fertiliser, mais infecter la banlieue de Paris.

Eaux d'égout. — 3° Enfin les égouts recueillent les eaux ménagères des cuisines, les eaux industrielles, les eaux des ruisseaux, les eaux des pluies, les liquides des urinoirs et des tinettes, les matières de vidange de l'École militaire, des Invalides, de la Salpêtrière, de la Monnaie. Nous ne reviendrons pas sur des chiffres présentés en détail dans divers mémoires, et cités dans le rapport de M. Brouardel. Nous rappellerons seulement que le mètre cube d'eau d'égout à Paris dose actuellement environ $0^k,045$ d'azote et que le cube journalier moyen de ces eaux est de 260.000 mètres cubes par jour, représentant un poids de 11.700 kilogr. d'azote. Dès aujourd'hui, ces eaux sont formées en grandes parties d'eaux pures, versées dans le réseau à titre de lavage et de chasse, savoir :

Bornes-fontaines............. Bouches sous trottoir .... Fontaines.................... Effets d'eau d'urinoirs	113.238^{mc}
Prises d'eau au canal Saint-Martin et à la Villette..............	25.904
Total........	139.142^{mc}

II. — LES ODEURS DE PARIS.

Faits constatés. — Connaissant maintenant l'ennemi, c'est-à-dire la masse et la composition de l'ensemble des détritus de la cité, nous pouvons suivre utilement les deux rapports, et avant tout exposé et toute discussion de système, voir si nous sommes d'accord sur les faits eux-mêmes et sur leur origine.

Les deux rapporteurs ne citent aucun fait précis ; ils n'indiquent aucun point spécial où les mauvaises odeurs aient été constatées particulièrement par la Commission ; Il ne spécifient pas non plus ces odeurs. Il est à peine besoin de faire remarquer cependant que cette simple constatation de l'odorat n'aurait pas été inutile ; avec un peu d'attention et d'habitude, personne ne confondra l'odeur qui s'échappe d'une fabrique de sulfate d'ammoniaque, de celles qu'exhalent une fabrique de colle forte, une raffinerie de pétrole, un tas de gadoue, ou même un cabinet d'aisances mal tenu ou une courette obscure de maison à cinq étages. Où et quand les mauvaises odeurs ont-elles été constatées? Sous quelle influence de température ou d'humidité? Par quels vents ? A partir de quelle époque et jusqu'à quelle date? Nous avons vainement cherché une réponse à ces questions. Il est dit au rapport de M. Aimé Girard que Paris s'est trouvé dans la période en question « dans des conditions climatériques inusitées. » il n'eût peut-être pas été inutile d'expliquer plus en détail, ainsi que l'ont fait au Conseil d'hygiène le Directeur des travaux de Paris et M. Besançon, que Paris s'est trouvé, l'été dernier, sous l'influence anormale et persistante des vents du nord et de nord-est, coïncidant avec les chaleurs et les temps orageux d'août et de septembre, et apportant ainsi sur la capitale des couches d'air qui ordinairement, à la même époque, en sont, au contraire, détournées par les vents d'ouest ou de sud-ouest. C'eût été un travail bien intéressant de nous présenter une étude en plan et en hauteur de la répartition des effluves infectes et de la composition de l'atmosphère parisienne. Cherchons néanmoins ce qui ressort des deux rapports au point de vue sinon de l'intensité et de la nature, au moins de l'origine des odeurs.

Origine des odeurs de Paris. — Pour les ordures et tous les détritus solides, nous trouvons dans le rapport de M. Brouardel quelques mots sur le transport des débris animaux dans des voitures plus ou moins bien fermées à travers Paris. Nous applaudissons aux mesures plus sévères qu'il demande de prendre à ce sujet. Mais nous cherchons en vain une seule ligne sur les établissements qui traitent du côté d'Aubervilliers et de Saint-Denis, les débris de toute sorte, les fabriques de colle, les usines de produits chimiques, les établissements de raffinerie de pétrole. Ces établissements n'ont-ils eu aucune influence sur les odeurs de Paris ? L'assainissement de la capitale ne comporte-t-il aucune mesure à prendre contre des usines dont les odeurs infectent l'atmosphère, où les fumées brûlent toute végétation sur un large périmètre ? Les vents régnants n'ont-ils rien apporté, l'été dernier, au moins dans la partie septentrionale de la capitale, de toutes ces infections ?

Sur la question des vidanges, les deux rapports sont plus explicites. M. Brouardel fait, en ce qui concerne le système actuel des fosses dans Paris, une peinture à laquelle nous n'avons rien à reprendre : infection de l'atmosphère, du sol, de l'eau, tout concourt à condamner les réceptacles immondes que recèlent les sous-sols de la plupart de nos maisons. L'honorable rapporteur eût pu, peut-être, insister davantage sur l'inconvénient des tuyaux d'évent qui mettent en communication les fosses avec l'atmosphère. Quand ces tuyaux fonctionnent bien, c'est-à-dire quand le courant monte de la fosse vers l'extérieur, une zone d'air infecté se répand suivant un plan horizontal passant par le sommet des toits; il s'ensuit que la couche infecte vient envahir les quartiers hauts dont les maisons émergent au-dessus des toits des parties basses; et des fractions considérables des VIIIe, IXe, XVIIe, XVIIIe arrondissements sont ainsi baignées d'une atmosphère viciée, qui subsistera tant qu'on fera communiquer une fosse quelconque avec l'extérieur. Il n'aurait peut-être pas été inutile non plus d'insister sur les foyers d'infection que présentent les cabinets communs des maisons d'ouvriers et les plombs privés d'eau, où viennent se déverser tous les débris de nombreux ménages. C'est un triste spectacle que décrivait naguère éloquemment à la Société de médecine publique l'honorable Dr Guéneau de Mussy qui, dans sa longue carrière, a pu comparer de si près les water-closets anglais et les *communs* français.— N'est-ce pas là une cause permanente d'infection pour la capitale et est-il quelqu'un qui ait oublié l'odeur *sui generis* qui vient assaillir le Parisien lorsqu'un soir d'été, au retour de la campagne, il pénètre dans nos faubourgs ouvriers?

M. Brouardel signale les inconvénients trop connus du mode actuel de vidange des fosses : ouverture du tampon, brassage des matières, aspiration à la pompe, rachèvements à la main. Chacun connaît, par expérience, les odeurs que répand la vidange de nuit : il serait injuste de ne pas noter cependant les efforts faits récemment pour obtenir le vide dans les tonnes sur place à la vapeur et pour améliorer ainsi le système déjà quelque peu perfectionné de la vidange atmosphérique.

En ce qui concerne la banlieue, M. Girard reconnaît les graves inconvénients des usines actuelles qui traitent les vidanges. Nous ne saurions seulement considérer avec lui le séchage des matières pâteuses comme la partie la plus infecte du traitement des vidanges. Ce n'est pas que ce séchage, opéré à froid ou à chaud, ne répande une odeur bien caractérisée ; mais, cette odeur n'est rien à côté de celle qui s'échappe, *dans l'état actuel des installations*, au voisinage des bacs de saturation et des appareils distillatoires. Il y a là des exhalaisons complexes, provenant de l'action de l'acide sulfurique sur les matières organiques, exhalaisons dont rien ne peut rendre le caractère spécialement écœurant ; on sort de cette partie des usines les vêtements imprégnés d'une odeur qui met plusieurs heures à disparaître, et nous parlons même des usines convenablement tenues. Quoi qu'il en soit, les deux rapporteurs sont d'accord pour attribuer au système actuel des vidanges une part considérable dans l'infection de Paris ; ils sont ainsi d'accord également avec l'unanimité des populations de la banlieue et naturellement avec les ingénieurs de la Ville.

Quant aux égouts examinés dans le rapport de M. Brouardel seul, nous devons prendre acte des déclarations très nettes qui figurent aux pages 23, 24, 38, 39 dudit rapport et nous avouons ne pas comprendre et par suite ne pas pouvoir admettre les conclusions présentées page 40. M. Brouardel déclare de la manière la plus explicite que la Commission n'a perçu aucune odeur nfecte dans les égouts qu'elle a visités.

Voici textuellement les termes dont il se sert :

Page 23. « Dans le plus grand nombre des égouts que « nous avons visités, l'odeur est à peine sensible. L'odo-« rat ne distingue ni ammoniaque, ni acide sulfhydrique, « ni sulfhydrate d'ammoniaque. Ces gaz existent pourtant « à l'état de liberté, mais en faible proportion dans l'at-« mosphère. Des papiers imbibés d'un sel de plomb, « mouillés et tenus à la main pendant une visite qui a « duré trois heures, n'ont éprouvé qu'une très légère mo-« dification dans leur teinte. » Et en ce qui concerne les bouches, page 24 : « Nous devons reconnaître, en nous « plaçant seulement au point de vue de l'odeur, que dans « un grand nombre de cas nous l'avons inutilement cher-« chée à la bouche de l'égout. En général, elle est peu « incommodante. » Pour les boues d'égout elles-mêmes, page 38 : « Les boues prises dans l'égout du boulevard « Henri IV étaient de couleur noire. Elles ont été égout-« tées, puis introduites dans un flacon muni d'un tube de « dégagement. Dans ces conditions elles ont émis en « 24 heures leur volume de gaz contenant 40 à 50 % « d'acide carbonique. Le reste était formé de gaz des ma-« rais avec quelques centièmes d'azote. Ces boues ne « laissent pas dégager d'hydrogène sulfuré, tant que « l'atmosphère des vaisseaux renferme de l'oxygène. » Et c'est ce qui a toujours lieu dans les égouts de Paris, si largement aérés, ainsi que le constate M. Brouardel à la page suivante, où, parlant d'eaux qui avaient été accidentellement retenues dans un égout dont le service définitif et régulier n'est pas encore établi (égout du boulevard d'Henri IV, il dit : « Celles-ci (les eaux en question) « étaient noires, se clarifiaient difficilement par le repos « et contenaient $0^{gr},004$ d'hydrogène sulfuré par litre. Le « lendemain, l'eau ayant eu le contact de l'air, la propor-

« tion d'hydrogène sulfuré est descendue à $0^{gr},001$ par « litre. *Ces phénomènes se produisent naturellement « dans les égouts.* » Ces citations (et d'autres faits relatifs à des odeurs sorties des bouches d'égout qui ne sont indiqués en aucun point du rapport) semblent conduire à la conclusion toute naturelle que les égouts n'ont pas contribué à l'infection de Paris. Pas du tout: après cet exposé des faits reellement constatés, le rapporteur conclut en ces termes, page 40 : « Dès maintenant, il est acquis que « les eaux d'égout dégagent de l'hydrogène sulfuré et que « celui-ci sort par les bouches d'égout. Il a donc *pu être*, « dans bien des cas, la cause de l'incommodité qui a « soulevé des plaintes cet été. » Et immédiatement après: « Dès maintenant on peut affirmer qu'il se dégage des « eaux et des boues d'égout, outre une grande quantité « d'acide carbonique, de gaz des marais, une notable « proportion d'hydrogène sulfuré, d'ammoniaque et des « ammoniaques composées qui, après avoir envahi l'at- « mosphère des égouts, se répand par leurs bouches, « dans les rues, dans les cours et dans les maisons elles- « mêmes. » Il faut cependant bien s'entendre : oui ou non, la Commission a-t-elle senti dans les égouts d'une manière sensible les odeurs si nettes de l'acide sulfhydrique, des sulfhydrates, des ammoniaques, etc. ? Oui ou non, a-t-elle constaté des exhalaisons infectes aux bouches d'égout ? Elle déclare formellement, par l'organe de son rapporteur, qu'elle a cherché vainement ces odeurs tant dans les égouts qu'à leurs bouches. — Comment, vingt pages plus loin, l'opinion contraire est-elle affirmée, sans du reste qu'aucun égout, aucune rue soient indiqués, sans qu'aucune statistique établisse la correspondance entre les faits d'infection, s'ils existaient, et les plaintes produites par les habitants, coïncidence qu'il n'aurait pas été inutile de noter ; car, combien de fois n'avons-nous pas entendu les riverains de certaines rues (rues Saint-Marc, Feydeau, par exemple) se plaindre le soir des émanations infectes de leur égout, lorsque précisément il n'y avait pas d'égout dans la rue, lorsque les eaux ménagères passaient simplement sous les gargouilles en fonte qui, dans ce cas, réunissent la maison au ruisseau de la rue. La contradiction serait inexplicable, si la Commission ne produisait entre les pages 20 et 40 du rapport les deux expériences suivantes : elle a pris des eaux dans l'égout du boulevard Henri IV ; elles les a conservées *pendant quinze jours* dans un flacon hermétiquement bouché : elles ont pris alors une coloration noirâtre et ont renfermé $0^{gr},0018$ d'hydrogène sulfuré par litre, au lieu de la quantité insignifiante de $0^{gr},0004$ qu'elles contenaient dans l'égout. De même pour les boues elles-mêmes; ces boues qui, comme nous l'avons déjà dit d'après la Commission, ne donnent pas de dégagement d'hydrogène sulfuré tant qu'elles rencontrent de l'oxygène dans les ballons qui les renferment, finissent par dégager au bout de plusieurs jours le gaz infect ; le dégagement est accéléré et accru par l'addition d'acides. Nous demandons quelle est la conclusion qu'on peut tirer de ces expériences pour déterminer l'origine des odeurs de Paris. — Nous croyons sans peine que les matières organiques des eaux d'égout finissent par fermenter en vase clos : et il serait regrettable qu'il n'en fût pas ainsi; car, en fin de compte, les égouts ne sont pas faits pour charrier de l'eau de source, et si les eaux n'étaient pas sales, ils seraient inutiles; mais pense-t-on que les ingénieurs de Paris aient jamais eu pour programme d'emmagasiner en vase clos pendant plusieurs jours les détritus liquides ou solides? Leur programme n'est-il pas la circulation et non la stagnation ? Et si le réseau des égouts était assez mal conçu ou assez mal exécuté pour emmagasiner normalement sans mouvement dans l'immense étendue de ses galeries les matières qui doivent au contraire y circuler librement, comment la commission aurait-elle pu constater l'absence presque absolue d'odeur? Comment n'a-t-elle pas senti l'infection produite par les gaz délétères ? Comment ses membres ont-ils pu circuler librement à leur choix, dans les égouts les plus divers, pris au hasard, les nouveaux, les anciens, les bons, les mauvais, sans qu'aucun de ses membres ait été malade ou seulement indisposé ? Comment, enfin, ne signale-t-elle pas au public et au Gouvernement les points où l'infection devrait exister et où elle ne l'a pas rencontrée ?

Aussi, quoiqu'en 1880 les égouts aient été dans une situation anormale, quoique les énormes projections de neige de l'hiver exceptionnel de 1879-1880 aient amené des accumulations de matières organiques extraordinaires, quoique les longues crues de la Seine aient ralenti pendant des mois entiers le mouvement d'évacuation, nous devons prendre acte des constatations réellement faites par la Commission, c'est-à-dire de l'absence générale d'odeur dans les égouts et à leurs bouches, et attribuer l'infection de Paris aux fosses fixes, aux vidanges de nuit, aux dépotoirs et usines qui traitent les matières excrémentitielles, enfin à l'accumulation au nord et au nord-est de Paris d'une foule d'établissement industriels, dont les émanations insalubres sont portées sur la capitale par les vents correspondants.

III. — REMÈDES PROPOSÉS

Mesures à adopter. — Nous arrivons maintenant à la deuxième partie du travail de la Commission, et aussi à la plus délicate : il s'agit des remèdes à appliquer, des mesures à prescrire soit immédiatement, soit dans l'avenir.

Mesures immédiates. — En ce qui concerne les mesures à prendre *immédiatement*, les deux rapporteurs sont assez sobres d'indications : pour les ordures et débris divers, ils demandent des véhicules étanches ; pour les établissements industriels, ils gardent un silence complet, et les Parisiens semblent condamnés d'ores et déjà à continuer à respirer les émanations des usines de produits chimiques, de fabriques de colle, etc. — Pour les vidanges, nous ne pouvons ranger parmi les mesures appliquables en grand à bref délai, l'introduction dans chaque maison d'un réservoir métallique de 4 à 5 mètres cubes de capacité avec conduites métalliques, robinets, raccords, etc., système dont parle M. Brouardel à la page 14 de son rapport. Une pareille transformation de tous les immeubles parisiens serait une opération coûteuse et de longue haleine. Nous ne voyons d'indication nouvelle au point de vue d'une amélioration immédiate que le projet de placer le désinfectant à l'avance dans la fosse au lieu de le verser au moment de la vidange ; on peut mettre en doute l'efficacité de cette transformation de détail et se demander si une couche de sulfate de fer placée au fond de la fosse agira encore au bout d'un an, lorsqu'elle sera couverte de 2 mètres de matières. Quant à une visite soignée des fosses, à l'examen attentif de leur étanchéité, aux mesures à prescrire pour éviter toute fuite, il est à peine besoin de rappeler que ces pratiques sont celles de l'Administration et qu'un soin tout spécial est apporté dans cette inspection ; aucune fosse n'est refermée, après vidange, sans une visite minutieuse d'un agent du service d'assainissement.

Nous ne ferons que signaler, sans y insister, le procédé de vérification de l'étanchéité, indiqué page 17 du rapport de l'honorable M. Brouardel. Ce serait d'analyser une partie de la matière extraite pendant la vidange et de conclure de la composition de la matière quelle peut être l'importance des fuites. Il suffit de quelques minutes de réflexion pour se rendre compte que la composition de la matière tout-venant des fosses peut et doit varier de la manière la plus diverse suivant une foule de circonstances, usage plus ou moins abondant de l'eau, nombre des habitants, quartiers, saisons, etc. — Que conclure de l'analyse d'une fosse déterminée? — Il est enfin fait allusion (page 18) à l'obligation qu'on pourrait imposer de désinfecter les cabinets directement par la projection d'un liquide désinfectant : une pareille prescription serait bientôt lettre morte surtout dans les cabinets communs, fréquentés par de nombreux ouvriers et leurs familles ; le propriétaire se prêtera toujours peu volontiers à la dépense et à la manutention du réactif ; il n'y a pas à compter sur la bonne volonté commune et anonyme des locataires. — Le vrai, le seul désinfectant pratique est celui que réclame, depuis longues années, la Commission des logements insalubres, *l'eau ;* c'est aussi celui qu'a voté à l'unanimité le Congrès international d'hygiène de Paris (séance du 7 août 1878), dans les termes suivants :

« Le Congrès émet le vœu que l'introduction de l'eau « dans les logements insalubres et notamment dans les « logements d'ouvriers prenne place comme prescription « légale dans les ordonnances et règlements de police. »

Pour les égouts, les mesures immédiates proposées sont le curage méthodique et à vif fond, les lavages à grande eau, opérations qui constituent précisément le programme du service d'assainissement et sur lesquelles aucune discussion ne saurait s'élever. La Commission, si elle avait bien voulu se renseigner dans les bureaux de l'Administration, aurait su que non seulement le service de curage poursuit son œuvre avec l'activité et le dévouement dont il a fait preuve dans les conjonctures les plus difficiles, mais que le Conseil municipal a mis libéralement à sa disposition cette année un crédit supplémentaire de 530.000 francs, destiné à parer aux difficultés spéciales, provenant des intempéries de l'hiver dernier, et à assurer dans l'avenir un entretien aussi parfait que possible.

Enfin pour les mesures à prendre immédiatement hors Paris, nous trouvons au rapport de M. Aimé Girard une série de principes, relatifs aux usines types à sulfate d'ammoniaque, mais dont l'application exige une transformation radicale des établissements actuels, tels qu'ils sont décrits dans la première partie du rapport ; le rapporteur conclut, du reste, lui-même non pas à une application immédiate, mais à un concours; il y a donc encore là un système à discuter pour l'avenir ; il n'y a pas un remède pratique, a courte échéance.

Quant à l'assainissement de la Seine, dont l'infection par les eaux d'égout trouble si profondément une partie de la banlieue, la question n'avait pas été examinée par la Commission, au moment du dépôt des rapports de

MM. Girard et Brouardel; cette question fera, suivant les indications qui nous ont été fournies, l'objet d'un rapport spécial.

Systèmes généraux d'avenir. — On le voit, à part quelques points de détail sur lesquels l'Administration municipale ne saurait être qu'en parfait accord avec MM. les Rapporteurs, c'est dans le système d'avenir qu'il convient de chercher les conclusions les plus intéressantes du travail de la Commission, qui a ainsi étendu considérablement le champ primitif de ses investigations. Nous essayerons de préciser ce système, nous y opposerons le système de l'Administration et du Conseil municipal, système qui est susceptible d'un large commencement d'application immédiate, et nous espérons mettre ainsi sous les yeux de la Commission aussi bien que du principal intéressé, le public parisien, les éléments complets de la discussion.

Premier système de la Commission. — La Commission propose deux systèmes d'évacuation des immondices.

1° A la page 15, M. Brouardel s'exprime ainsi :

« Le réservoir où seraient reçues toutes les matières,
« fèces, urines, serait métallique; il serait d'une conte-
« nance de 4 à 6 mètres cubes, correspondant à celle d'un
« des cylindres de transport employés par les Compa-
« gnies. La vidange en serait effectuée par la pression de
« l'air ou par le vide et au moyen d'un tuyau s'ouvrant
« sur le trottoir comme celui des prises de gaz. —
« Comme dispositions accessoires, on munirait le réser-
« voir d'un tuyau métallique de très petit calibre pour

« l'échappement des gaz. Ce tuyau, prolongé jusqu'au « toit, ne permettrait pas aux remous d'air de pénétrer à « l'intérieur du réservoir. Il devrait être accolé dans tout « son parcours au tuyau de chute, de façon à être sou- « mis tous deux aux mêmes variations de température. « D'autre part, on pourrait, à l'aide d'une grille ou d'un « appareil analogue aux tinettes-filtres actuellement em- « ployées, empêcher les matières insolubles telles que les « os, les cheveux, les morceaux de verre, etc., de tom- « ber dans le réservoir métallique. »

Le rapporteur, qui reconnaît que ce système ne serait pas applicable à toutes les maisons, semble le réserver pour « les maisons de construction récente. » Pour les autres, il renvoie aux quelques prescriptions de détail indiquées plus haut et qui ne sont, avec quelques variantes, que le programme du service actuel de l'assainissement.

Ce système comporte, avec les modifications indiquées, le maintien de la fosse fixe et du tuyau d'évent, la vidange dans la rue, le traitement des matières par des usines dans la banlieue.

Deuxième système de la Commission. — 2° A la page 74, M. Brouardel indique une autre solution, qui semble être pour la Commission celle de l'avenir :

« La Commission, dit-il, ne pourrait approuver qu'un « système d'évacuation par canalisation présentant la « réunion des conditions suivantes. Les déjections se- « raient reçues à la sortie des cabinets dans des tuyaux « absolument étanches, à parois métalliques, sans aucune « communication avec l'air ou la terre. Ces conduits re-

« liés ensemble emporteraient loin de la ville les matières « de vidange en un lieu où se trouveraient réunies les « usines installées pour faire subir à ces matières les « transformations nécessaires. M. Aimé Girard a précisé « ces conditions. — Par un système plus ou moins ana- « logue à celui des tinettes-filtres actuellement en usage, « on empêcherait d'entrer dans ces conduits les matières « étrangères à la vidange elle-même, telles que les os, « les morceaux de verre, etc. La circulation pourrait « être assurée par des pompes aspirantes et foulantes, « par le vide ou par tout autre procédé. »

Dans la séance de la Commission du 5 mai, M. le Rapporteur a ajouté quelques détails : dans chaque maison se trouverait un réservoir métallique d'une capacité à peu près égale au cube des matières produites chaque jour par les habitants, desservis par chaque tuyau de chute. Un robinet serait placé entre ce réservoir et la conduite de la rue. Chaque jour, des ouvriers viendraient tourner les 230.000 robinets, correspondant à autant de tuyaux de chute et laisseraient écouler les matières dans le réseau général. — Des usines réparties aux points convenables aspireraient les liquides et solides. Ce système maintient une fosse réduite dans la maison et exige la création d'un réseau considérable avec un personnel important pour les manœuvres.

Maintien des usines de vidange dans les deux systèmes.— Dans les deux systèmes, les matières, amenées dans la banlieue, seraient traitées à chaud dans des usines, par des appareils que M. Aimé Girard ne spécifie pas, mais qui devraient satisfaire aux *douze* conditions indiquées aux conclusions de son rapport. Les principales sont la suppression de tout traitement à air libre, la manipulation en appareils absolument étanches, l'addition préalable de sels métalliques fixant les substances volatiles, la destruction par combustion dans des appareils spéciaux autres que les fourneaux et cheminée de l'usine, des gaz et buées, la désinfection et le refroidissement des eaux résiduaires, l'installation d'appareils enregistreurs, automoteurs, contrôlant la marche de l'usine, l'établissement de nombreux regards sur toutes les conduites et capacités de l'usine (ce qui, entre parenthèses, semble peu compatible avec l'étanchéité absolue réclamée plus haut).

Système de l'administration. — Le système de l'Administration repose sur deux principes essentiels : l'évacuation aussi rapide que possible sans aucun arrêt des matières de la maison, avec l'eau comme véhicule ; la suppression absolue des dépôts et usines dans la banlieue de Paris. Les matières descendraient des water-closets, à l'aide de tuyaux en fonte mince ou en grès ; le tarif des abonnements (4 fr. par an pour un robinet libre dans les water-closets) permet l'introduction de l'eau dans les plus humbles logements. — Après avoir traversé un siphon formant fermeture hydraulique, les matières se rendraient par une conduite prolongée jusqu'à la cunette dans le torrent des égouts où elles seraient noyées dans 260.000 mètres cubes d'eau au minimum, soit plus de 100 fois leur volume théorique. Elles circuleraient sans aucune stagnation jusqu'aux machines élévatoires qui les monteraient avec les eaux d'égout jusqu'aux champs épurateurs. Plus de fosses, plus de tuyaux d'évent, plus de vidange de nuit ou de jour. Une simple taxe de 60 francs par chute remplacerait tous les frais actuels que que fût le nombre des habitants, quel que fût le volume d'eau qui serait consommé dans la maison ou versé aux water-closets ou à l'évier. — Pour les égouts, dans lesquels un aménagement incomplet ne permettrait pas l'envoi immédiat des vidanges tout-venant, on passerait par le système intermédiaire de la tinette-filtre retenant les corps solides et ne laissant écouler que les liquides ; dans ce cas, la taxe serait réduite à 30 francs et le propriétaire aurait à louer la tinette, soit 20 francs par chute. La fosse fixe disparaîtrait également, ainsi que les tuyaux d'évent. L'eau pourrait être employée largement dans la maison, sans que le propriétaire eût à payer aucun frais de vidange supplémentaire de ce chef. Pour les égouts excessivement rares où les liquides mêmes auraient quelque peine à s'écouler, une conduite métallique avec une pente convenable réunirait les tuyaux sortis des maisons et irait porter leur produit jusqu'à l'égout le plus voisin, à pente et à débit suffisants. — Il va sans dire que, grâce aux sacrifices consentis par le Conseil municipal, le curage des égouts serait exécuté de la manière la plus parfaite ; le cube d'eau, destiné aux lavages et chasses et qui s'élève déjà à 139.000 mètres cubes par jour, pourra encore être augmenté et surtout mieux réparti de manière à obtenir un nettoiement méthodique de tout le système jusque dans ses dernières ramifications. On sait que les ressources ne manqueront pas puisque le cube d'eau à distribuer journellement dans Paris s'élève déjà à 375.000 mètres cubes, soit plus de $0^m,150$ par tête et par jour et qu'il va atteindre très prochainement 500.000^{mc}, soit $0^m,250$ par tête et par jour. Les usines de Clichy enlèveront d'une manière continue le cube affluent et en temps de crue maintiendront artificiellement la pente disponible, évitant les envasements qu'entraînent actuellement forcément les crues de la Seine.

Ainsi, suppression absolue des fosses fixes ou mobiles, suppression des tuyaux d'évent, suppression de la vidange, suppression des usines à sulfate d'ammoniaque; usage abondant et économique de l'eau; circulation continue; épuration par le sol, tels sont les termes principaux de la solution qu'offre l'Administration. Elle ne propose du reste que de répéter ce que pratiquent, au moins en ce qui concerne les vidanges, à peu près toutes les grandes villes d'Europe : Londres, Edimbourg, Bruxelles, Francfort-sur-le-Mein, Hambourg, Berlin, Danzig, Breslau, Pesth, Odessa, Rome, etc.

IV. — COMPARAISON ET DISCUSSION DES SYSTÈMES.

Discussion et comparaison des systèmes. — La Commission, par l'organe de M. Brouardel, critique et repousse le système que nous venons de résumer. — De notre côté, nous repoussons les procédés recommandés par la Commission. Il nous reste à suivre pas à pas les deux systèmes, depuis le logis ou l'appartement jusqu'à la banlieue, à répondre aux objections qui nous sont faites et produire les nôtres.

Discussion du premier système de la Commission. — La Commission, prévoyant que son système de canalisation spéciale et générale exigera une dépense énorme et un temps considérable, adopte, pour un temps qu'elle ne limite pas, la fosse fixe de 4 à 6 mètres cubes en métal. Dès lors, on est en droit de lui opposer la grave objection de la *guerre à l'eau,* et dans des conditions bien autrement graves que celles qu'on rencontre aujourd'hui. Les fosses actuelles cubent environ 30 mètres cubes en moyenne. — Et déjà, malgré des fuites trop nombreuses, « la nécessité de vider la fosse s'impose à « peu près chaque année, dit M. Brouardel, page 10, et « dans la crainte de voir se renouveler trop souvent la « dépense de cette vidange, les propriétaires refusent de « laisser arriver l'eau aux divers étages de la maison. Par « suite, les cabinets sont peu ou pas nettoyés et il se « forme, surtout dans les maisons pauvres, de véritables « foyers d'infection. Or, c'est dans ces habitations, pri- « vées des moyens d'appropriation automatique indépen- « dants de la volonté des habitants, que les cabinets servent « souvent à plusieurs ménages. Ceux qui ont visité ces « maisons ont souvent constaté que les urines, contenant « même des matières fécales, s'écoulent hors du cabinet, « souillent les marches des escaliers et répandent dans « les divers logements une odeur véritablement im- « monde. »

Tant que l'eau sera absente des cabinets, cet état déplorable subsistera ; et l'eau sera proscrite comme une ennemie, tant que le propriétaire payera le mètre cube d'eau claire extrait de la fosse 6 à 8 francs comme le mètre cube de vidange, tant que l'addition de l'eau, en augmentant les frais, rendra plus fréquentes les extractions, si pénibles pour les locataires et tout le voisinage. Avec la fosse métallique, cet inconvénient disparaîtra-t-il? Loin de là. L'eau ira toujours grossir le cube accumulé dans le réservoir. Donc le propriétaire la proscrira, et tous les germes de contagion et d'infection, dont on nous menace, relégués dans l'appartement, concentrés sur des linges mal lavés, dans des vases puants, sur des cuves de cabinets sèches et infectes auront mille fois plus de chance de se répandre dans l'atmosphère confinée des appartements que s'ils étaient entraînés en quelques secondes par d'abondantes eaux de lavage. Donc l'écoulement complet et immédiat dans une masse d'eau suffisante est incontestablement supérieur au point de vue de la maison, sur tout système maintenant la fosse sous une forme ou sous une autre : « *Les vidanges ne séjourneront pas dans les maisons et en sortiront dans le plus bref délai,* » disait la Société de Médecine publique et d'Hygiène professionnelle, à la suite d'un remarquable rapport de M. le Dr H. Guéneau de Mussy (séance du 21 novembre 1880). Le système de la Commission est en opposition avec ce principe essentiel.

Nous ajouterons que l'étanchéité d'une cuve métallique n'est aucunement supérieure à celle d'une bonne maçonnerie. Dans cette dernière, la moindre fissure se voit sur un bon enduit. Dans un réservoir en métal, à nombreuses lignes de rivets, les fuites sont très difficiles à voir; il faudrait, dans une galerie spéciale, pouvoir faire constamment le tour extérieur de l'appareil ; et la matière de vidange elle-même est de nature à corroder rapidement le métal, ainsi que cela a été constaté à la conduite de refoulement de Bondy que nous avons dû refaire entièrement ces dernières années.

Sur la voie publique, le système de la Commission ne conduirait pas à de moindres inconvénients ; nous ne savons si la Commission s'est rendu compte de la fréquence des opérations de vidange avec ses fosses métalliques. Un calcul simple peut en donner une idée. Prenons une maison renfermant 30 habitants, et laissons même de côté les grandes casernes ouvrières dont la salubrité est cependant si intéressante. Supposons que le propriétaire ait consenti à faire les travaux nécessaires pour ramener toutes ses vidanges à une fosse unique du type de la Commission. Chaque jour, les 30 habitants de la maison produisent 1l,26 × 30 ou 38 litres de matières excrémentitielles. Par tête, il convient de compter au moins 15 litres pour le lavage des water-closets et eaux de propreté versées aux cabinets; cette dose serait considérée comme insuffisante dans toute maison anglaise bien tenue; de ce chef, il descendra donc à la fosse 15l × 30 ou 450 litres. Total journalier descendu à la fosse, 488 litres ou 500 litres en nombre rond.

Conséquence : tous les huit jours la fosse métallique sera pleine; tous les huit jours la tonne de vidange viendra faire son service. — Est-ce là une perspective bien souriante à offrir à la population parisienne? Et nous pensons bien que la Commission se refuserait à interdire un lavage abondant des water-closets et à suivre M. Liernur, qui, pour sauver un système plus ou moins analogue de vidange par conduites métalliques et machines aspirantes, a eu l'ingénieuse idée d'installer un système de cabinet, dans lequel un siphon et un trou béant sont installés de telle sorte que, si l'on ajoute trop d'eau à l'urine et aux matières fécales, celles-ci débordent dans le cabinet même, inondant l'imprudent de leurs désagréables effluves. — « Ce qui guérira même les plus insou« ciants de répéter ces incongruités », disent les avocats du système. Nous ajouterons que les manœuvres de raccord avec les milliers de bouches sous trottoirs que propose la Commission ne sauraient se faire soit avant, soit après le pompage, sans exhalaisons et fuites; de là nouveaux dangers pour l'épandage des germes infectieux sur la voie publique même, dangers qu'accroîtrait notablement la moindre fissure du tuyau de raccord entre la bouche et la fosse, fissure donnant accès sous nos trottoirs à la plus infecte des inondations souterraines. — Enfin, comme appareils accessoires, la Commission propose le maintien des tuyaux d'évent et l'interposition de filtres retenant les corps étrangers. Que fait-elle avec ces deux appareils de son principe : aucune communication avec l'air? Elle a beau proposer de diminuer la section du tuyau d'évent et de l'accoler aux tuyaux de chute; le mouvement des gaz est réglé par les différences de pression et de température aux extrémités des conduits, et nous aimons à croire que M. le rapporteur ne pense pas que le sens du courant dans ce tuyau d'évent sera le même, lorsque son extrémité supérieure sera exposée aux 50° de chaleur du soleil de juillet ou aux 10° de froid du mois de décembre, la partie inférieure, placée à la cave, restant du reste à une température à peu près constante de 1° à 12°. — Le filtre de son côté devra bien être sorti à l'air, et nous ne pensons pas non plus qu'on admette que les linges, papiers, os, etc., retenus par ce filtre seront d'une propreté irréprochable et ne seront pas couverts de matières puantes et d'innombrables germes, qui seront ainsi arrêtés dans leur course salutaire vers la voie d'évacuation. Une objection du même genre s'applique à la fosse elle-même, ainsi que le reconnaît M. Brouardel (page 15); la vidange par le vide est toujours incomplète. Il reste dans le fond des fosses des matières solides, qu'il faut enlever à la main. « On pratique des allèges, dit M. Brouardel, et non des vidanges complètes. » Les caisses de la Commission se rempliront ainsi rapidement de matières épaisses sur lesquelles la pompe aspirante demeurera impuissante. Il faudra ouvrir la fosse, faire comme aujourd'hui des rachèvements, charger à air libre dans des tonnes ou tombereaux les détritus solides. — Les germes infectieux ne vont-ils pas dans ces dégoûtantes opérations se répandre sur le sol, dans l'atmosphère, et créer ainsi un danger, qui, nous ne cessons de le répéter, n'existe plus dans l'écoulement direct et immédiat à l'égout?

Est-il besoin, après ces objections si graves au point de vue hygiénique, d'insister sur l'énorme dépense que nécessiterait le système préconisé par la Commission? — La fosse métallique serait un cube de 1m,60 de côté au minimum, avec tôle de 0m,01 d'épaisseur et cornières de 0m,10 d'aile sur les arêtes : elle pèserait environ 2.000 kil., et coûterait, avec les raccords et accessoires 2.000 francs au minimum. Une conduite en fonte à joints hermétiques de 15 à 20 mètres de longueur sur 0m,20 de diamètre vaudrait 300 francs, la bouche spéciale sous trottoir, 200 francs, la transformation de la fosse ancienne et l'aménagement d'une galerie permettant de circuler autour de la caisse métallique, la réfection du trottoir, etc., 1.500 francs, soit en tout 4.000 francs environ par chute, soit, pour 230.000 chutes une dépense de 920 millions, près d'un milliard. — Un pareil chiffre se passe de commentaires, et nous n'insisterons pas sur la dépense même de l'extraction, rendue excessive par des allées et venues continuelles des véhicules extracteurs, par l'émiettement du personnel de travail ou de surveillance, forcé de se répartir tonne par tonne, au lieu de rester concentré comme il l'est aujourd'hui sur des fosses sept à huit fois plus considérables que les caisses métalliques de la Commission.

Deuxième système de la Commission. — Nous savons bien, du reste, que l'honorable rapporteur a une réponse toute prête aux objections que nous venons de présenter et qui semble ôter tout caractère pratique à la transformation proposée de la fosse fixe. — Il ne s'agit, dit-il, que d'un système provisoire ; on l'abandonnera peu à peu pour le système d'avenir c'est-à-dire celui de la canalisation complète et spéciale avec usines élévatoires.

Nous ferons d'abord observer que demander un milliard aux propriétaires parisiens en reconnaissant qu'on leur impose un système imparfait et en attendant mieux, semble difficile à faire admettre aux intéressés. Mais prenons le système tubulaire complet et voyons s'il échappe à toute critique, spécialement au point de vue hygiénique, celui qui, à juste titre, préoccupe spécialement la Commission.

Tout d'abord, il diminue la fosse fixe, mais ne la fait pas encore disparaître. Comme le rapporteur a parfaitement compris qu'il est impossible, sous peine de retomber dans les inconvénients si connus du système Liernur, de mettre en communication directe et permanente tous les cabinets de la ville avec la canalisation et les usines aspirantes, il maintient dans chaque maison une cuve métallique qu'il réduit au cube produit journellement, soit, d'après les calculs cités plus haut, 500 litres au minimum. — Nous rencontrons donc ici de suite deux graves inconvénients ; les matières ne trouvent pas le chemin libre pour s'écouler de suite à l'égout ; au bout de vingt-quatre heures, elles auront pu entrer en fermentation, étant restées immobiles, en vase clos, sans courant de dilution. De plus, que fera-t-on le jour où, par une raison ou par une autre, le cube prévu sera dépassé? Verra-t-on le liquide excédant remonter dans la colonne de chute et venir inonder les cabinets? Ne retrouvons-nous pas encore ici la guerre à l'eau sous une autre forme, le propriétaire ayant intérêt à faire installer un réservoir du cube le plus petit possible et craignant avec juste raison qu'un usage libéral de l'eau n'amène un jour ou l'autre de désastreuses inondations? Mais c'est surtout les robinets de communication avec la canalisation publique dont l'existence et la manœuvre présentent les plus graves difficultés. Tout corps étranger viendra obstruer ces appareils, toujours délicats. Il faut donc n'y laisser que des liquides ou au moins des matières pâteuses. Que faire des débris solides? Il faut encore revenir au filtre de M. Brouardel; il faut encore prévoir la manutention de ces filtres, l'ouverture à air libre de la canalisation, le déversement possible des germes à terre ou dans l'atmosphère. Puis, en cas d'obstruction du robinet, que faire? Démonter une installation incrustée de matières de vidange? Agiter à l'air libre ces appareils imprégnés de substances putrescibles et de germes? quels dangers incessants en admettant la propagation des maladies infectieuses par les germes! Quelle comparaison établir encore ici entre ce système et celui de l'écoulement libre et complet de l'égout? En outre, la Commission a-t-elle bien réfléchi à ce que serait la manœuvre journalière de 230.000 robinets, à l'armée d'ouvriers employés à cette seule opération, à la précision qu'exigeraient les mouvements pour coïncider avec le service des usines élévatoires? Mais ces usines elles-mêmes, quel sera leur fonctionnement? Comment seront-elles reliées aux 230.000 tuyaux de chute? Le rapporteur nous dit qu'une canalisation spéciale et étanche en métal, sera établie dans tous les égouts. Pour que le système soit général, il faut donc, avant tout, comme dans les projets de l'Administration, que le réseau des égouts soit terminé. Admettons le fait comme réalisé et les 40 millions nécessaires, votés par le Conseil municipal. La canalisation nouvelle aura le même développement que les égouts, soit

1.040.000 mètres. Elle comprendra, comme la canalisation d'eau alimentaire, tout un réseau de conduites de diamètres variables, grossissant à mesure qu'on approchera des conduites maîtresses et des usines.

Seulement tandis que la canalisation d'eau alimentaire se contente dans la majeure partie du réseau d'intérêt privé d'un diamètre de $0^{m},10$ parfaitement suffisant avec de l'eau claire, les vidanges ne pourront jamais s'écouler dans d'aussi petits diamètres. Il faudra au minimum comme dans les projets de branchement de l'Administration, un diamètre de $0^{m},20$ et dès que deux rues réuniront leurs liquides, des diamètres rapidement croissants. — Admettons pour un instant qu'un diamètre moyen de $0^{m},30$ représente la conduite type nouvelle, et nous sommes certainement au-dessous de la vérité. Cette conduite coûte, posée, 32 fr. 70 c. le mètre courant ; pour les 1.040.000 mètres à poser c'est une dépense de 34.008.000 francs, à ajouter aux 40.000.000 francs d'égouts ; pour les maisons, les branchements, qui avec l'écoulement direct et total à l'égout sont réduits à de simples conduites de grès ou fonte mince, deviennent ici des conduites à joints précis, devant pouvoir se prêter à la pression du liquide en réserve ou à l'aspiration des machines. — Avec un diamètre de $0^{m},20$ elles coûteront 18 francs le mètre courant; soit pour 70.000 maisons avec une longueur de 15 mètres de branchement, un réseau de 1.050.000 mètres et une dépense de 18 millions 900.000 francs ou 19.000.000 de francs en nombre rond. Un robinet vanne étanche de $0^{m},20$ coûte, tout posé, 435 francs; 200.000 appareils de ce genre, établis au pied de chaque chute représentent une dépense de 87.000.000 francs. Total de la dépense du système, sans les usines élévatoires, ni les travaux accessoires : 140.000.000 de francs. En comptant les usines élévatoires, les conduites de refoulement aux usines d'exploitation, etc., on atteindrait facilement 150.000.000 de francs. Voici donc les chiffres formidables qu'imposerait le système.

Mais au moins, ce système, si imparfait ainsi que nous l'avons montré dans la maison, assure-t-il l'assainissement de la voie publique et de la banlieue ? Isole-t-il et évacue-t-il dans de bonnes conditions les matières excrémentitielles avec leurs germes ? Nous n'insisterons pas sur la gêne qu'apporterait dans le réseau de nos égouts l'introduction d'une nouvelle canalisation venant se joindre aux conduites de distribution des eaux, aux réseaux télégraphique, téléphonique, pneumatique, etc. Et cependant, il est bien certain que des conduites, forcément de gros diamètre, viendront gêner considérablement les ouvriers et rendre leur travail encore plus pénible, c'est-à-dire plus imparfait. Mais le réseau nouveau ne tardera pas à fonctionner dans de mauvaises conditions. Quoique, au grand détriment de la salubrité des intérieurs, l'honorable rapporteur ait interposé des filtres entre les cabinets et la conduite publique, celle-ci recevra des matières pâteuses plus ou moins mélangées de débris solides. Or, nous avons malheureusement une longue habitude de la manutention de ces matières au dépotoir municipal et à la voirie de Bondy ; elles forment forcément un dépôt plus ou moins adhérent aux parois ; au dépotoir, chaque jour les matières tout-venant sont refoulées à la voirie de Bondy, après avoir été reçues dans des citernes ; elles déposent là, comme elles l'ont déjà fait dans les fosses, leurs parties les plus épaisses et il faut déja ringuer chaque jour à bras d'hommes les citernes et en extraire un volume presque égal au 1/100 des matières apportées; (en 1879, 279.563 mètres cubes de vidange des fosses amenés au dépotoir avaient exigé au moment de l'extraction des rachèvements s'élevant à 1.969 mètres cubes et ont donné au curage des citernes 1.828 mètres, soit en tout 3.797 mètres cubes de ringage). Le refoulement se fait dans une conduite de $0^m,30$ de diamètre et de 9.291 mètres de longueur. Chaque jour la conduite est lavée par de l'eau pure, refoulée à la fin du service. Or en 1853, c'est-à-dire dans les premières années du service, pour une hauteur ascensionnelle réelle et utile de $2^m,35$ entre le plan du liquide dans les citernes et le point d'arrivée à la voirie, on devait imposer aux machines un travail de $15^m,30$, dépassant de $7^m,80$ le travail théorique, y compris les pertes de charge. Dans la période de 1861 à 1878, le travail des machines atteignait $24^m,30$, dépassant de $13^m,52$ le travail théorique. Les résistances avaient presque doublé. Ainsi, même dans un cas exceptionnellement favorable, avec une seule conduite, sans branchements, sans coudes, l'encrassement se manifeste par une résistance croissante à l'écoulement, écoulement deux fois plus difficile que celui de l'eau claire, même au début de l'opération. La canalisation projetée est donc condamnée à une impuissance croissante d'année en année ; si l'on était tenté, en vue de cette diminution fatale de débit, à forcer dès l'abord les diamètres, on ne ferait que hâter le dénouement en ralentissant la vitesse et favorisant les dépôts[1].

---

1. Dans les séances de la Commission, il avait été question d'un système nouveau appliqué à Lyon. Nous avions cru qu'il s'agissait de l'application du système tubulaire à un quartier ou au moins à une rue. L'honorable directeur du service municipal de Lyon, M. l'ingénieur en chef Domanget, nous a détrompés. Il

Nous retrouvons du reste toujours le principe fatal de la *guerre à l'eau*. Les liquides étant difficiles à écouler et chers à monter par les usines, il y aura forcément tendance à chercher à en diminuer le cube, et comme la population ira toujours en s'accroissant, comme personne ne saurait émettre la prétention de restreindre les fonctions de la nature, on poursuivra toujours le seul élément dont on sera maître, l'ennemi, l'eau, qui augmentera dans ce regrettable système les difficultés et les dépenses, tandis qu'elle simplifie l'assainissement avec l'écoulement libre.

Puis viendront les fuites, les réparations. Aussitôt que se passera-t-il pour les quartiers commandés par la conduite en chômage? Que feront les maisons privées de leur canal d'écoulement commun? Il faudra donc verser à l'égout, et comment, puisque la canalisation sera étanche et sans aucune communication possible avec l'extérieur? Évitera-t-on de répandre dans l'atmosphère, dans les eaux, sur le sol, les germes, toujours isolés du torrent général d'évacuation, collés aux parois intérieures des conduites, accumulés dans d'immondes dépôts gluants auxquels auront à faire les malheureux ouvriers condamnés à désencrasser les conduites? Voit-on les conséquences d'un pareil incident en pleine épidémie, lorsque l'évacuation immédiate des matières hors des

---

s'agit simplement d'une compagnie de vidanges privée, qui pour éviter les frais et les inconvénients du transport de ces matières par bateau, a installé une conduite de 3 kilomètres de longueur, qui reçoit les matières des tonnes, et les porte à l'usine grâce à une pente de 3 mètres disponible naturellement et à un vide de $0^m,40$ de mercure, qu'est obligée de faire une petite machine à vapeur.

hôpitaux et des maisons est d'ordre public? Et quant aux usines élévatoires, où et comment les installer? Paris n'est pas un plateau horizontal et ses égouts ne forment pas un réseau plat. Il y aura des conduites du réseau spécial des vidanges qui descendront, les autres qui monteront, les unes par rapport aux autres. De là une étude de détail nécessaire ; de là la création forcée, non pas d'une, mais de plusieurs usines élévatoires de vidange dans Paris. Se fait-on une idée de la clameur universelle que soulèverait dans un quartier le projet d'un établissement de ce genre? Pourrait-on faire croire au public, ce qui serait du reste inexact, que ces usines seront absolument exemptes d'odeur, qu'il n'y aurait aucun inconvénient à amener dans les puisards des pompes les matières de vidange, non diluées, isolées de la masse des eaux d'égout? Que répondre aux objections relatives aux réparations des pompes, faites forcément à air libre, aux fuites des joints, à l'encrassement des appareils, à l'encombrement des puisards, qui fonctionnent comme les citernes du dépotoir de la Villette? S'agirait-il du reste de petites usines sans importance? Nullement. Aux points bas de Paris, où seront forcément placées les usines, le plan d'aspiration des pompes sera environ à la cote 25. Il convient de supposer le point d'arrivée du refoulement au moins à la distance et à l'altitude de la voirie de Bondy, c'est-à-dire à la cote 53. Nous aurons donc une hauteur d'élévation de 28 mètres. Les pertes de charge doubleront au minimum cette hauteur, et l'amèneront à 60 mètres environ à compter au manomètre. Pour un cube journalier de 40.000 mètres cubes environ, représentant le modeste débit de 15 litres de matières et d'eau de propreté produit par individu et par jour, avec une dizaine de mille mètres de lavage, on arrive à une usine ou une série d'usines de 400 chevaux en eau montée, soit 800 chevaux au piston, sans compter les machines de rechange, indispensables pour assurer le service en cas d'avaries.

Mais même ces établissements considérables supposés construits, où? vers quels points refouleront-ils la vidange? Si les usines à sulfate d'ammoniaque sont laissées à l'industrie privée, il faudra s'imposer la nouvelle sujétion d'établir une coûteuse canalisation entre les usines élévatoires et les usines de traitement des matières. Sera-ce l'Administration qui supportera cette nouvelle charge? Seront-ce les industriels? Devra-t-on par exemple refouler jusqu'à Maisons-Alfort les matières que la Compagnie Lesage déclarera vouloir traiter dans son usine? Si au contraire on laisse ce soin et cette dépense aux Compagnies, quelles garanties aura-t-on au point de vue de la bonne construction et de l'entretien?

Puis, les matières arrivées aux usines, quelles difficultés nouvelles ne va-t-on pas rencontrer? M. Aimé Girard n'a pas de termes assez énergiques pour flétrir les installations actuelles des usines de vidange. On sait du reste que M. le Préfet de Police propose la fermeture d'urgence de six de ces établissements, parmi lesquels ceux de Billancourt et d'Aubervilliers de la Compagnie Lesage, celui de Nanterre de la Compagnie Parisienne; on sait, en outre, la véritable insurrection qu'ont soulevée dans le voisinage quelques-uns de ces établissements. Et cependant l'ingénieur éminent qui dirige les établissements de la Compagnie Lesage a reçu un prix de l'Académie des sciences, prix Montyon, pour ses travaux; cependant c'est un savant professeur à l'École des Mines qui a présidé à l'installation de Nanterre; cependant c'est l'honorable rapporteur lui-même, M. Aimé Girard, qui a fixé les dernières conditions à imposer à cette usine.

Est-ce du reste un simple préjugé qui inspire cette répulsion universelle? Non, car les constatations de l'infection produite par ces établissements est trop facile; le 8 courant, par la magnifique journée de dimanche qui entraînait hors de la capitale des milliers de Parisiens, le vent était entre nord et est, et chacun, aux environs de Choisy-le-Roi et de Vitry pouvait constater l'infection vraiment désastreuse des rives de la Seine dans ces parages; le soir les usines d'Aubervilliers envoyaient jusqu'au centre de Paris leurs effluves écœurantes, et il n'y avait pas de confusion possible. Rien, absolument rien ne sortait des bouches d'égout; le temps était frais, les rues les moins aérées n'avaient pas encore leur odeur spéciale d'été.

Nous avons, il est vrai, les douze prescriptions finales du rapport de M. Aimé Girard; malgré leur généralité et quoiqu'elles ne précisent ni appareils, ni procédés, nous les tenons pour excellentes sur le papier. Nous pourrions produire également le dernier cahier des charges de l'adjudication de la voirie de Bondy; il renferme 37 articles qui serrent la question d'aussi près que possible, indiquent le temps à imposer pour le traitement absolu et complet des matières, prescrivent, en les passant successivement en revue, la fermeture hermétique de tous les appareils, imposent la combustion du gaz, limitent la dose d'azote des eaux résiduaires, etc. Tout cela est parfait; mais pour la cinquième ou sixième fois, dès que les adjudicataires ont été mis en possession de leur voirie, ils n'ont pu réaliser ces admirables conditions; après y avoir mis la meilleure volonté du monde, nous avons dû les expulser pour infraction aux clauses des cahiers des charges. Et cela n'a rien d'étonnant; l'industriel, même intelligent, n'aime pas et n'aimera jamais à dépenser son argent pour satisfaire simplement des mesures de salubrité dont il se soucie peu. Une fois le sulfate d'ammoniaque obtenu, il sera peu empressé à brûler de nouveau du charbon pour alimenter un foyer spécial de combustion des gaz, à acheter les réactifs destinés à neutraliser ses eaux-vannes, à porter au loin les chaux usées, etc. Il acceptera quelques conditions, nécessaires pour sauver son industrie ; mais dès que l'Administration interviendra dans le détail même de son travail, dès qu'il ne pourra manœuvrer un litre de matière ou expulser un mètre cube de gaz sans le contrôle d'un compteur administratif, dès que les frais, en un mot, dépasseront le profit, il fermera son usine, se contentera d'encombrer le dépotoir de ses matières brutes, et nous voudrions bien savoir par quels procédés on le forcerait dans ce cas à continuer son exploitation.

Le même phénomène se produira par la force même des choses, par l'appauvrissement progressif et continu des matières à traiter. Nous avons indiqué plus haut la composition des vidanges à Paris ; nous avons montré les matières des quartiers pauvres et insalubres se rapprochant de la composition des urines pures, tandis que dans les quartiers sains elles tendent à se rapprocher des eaux d'égouts ordinaires. C'est là un mouvement fatal, et que ne parviendront pas à enrayer les ennemis conscients et inconscients de l'eau. Le titre des vidanges a déjà baissé des deux tiers ; il baissera encore et dès aujourd'hui les Compagnies de vidange appellent *mauvaises* les matières que nous appelons *bonnes*, celles qui sont diluées ; elles n'aiment que les matières *fortes ;* car elles savent parfaitement que pour évaporer l'eau qui noie les vidanges d'une maison propre et saine, il faut autant de charbon que pour évaporer le magma infect d'une maison d'ouvrier. Peu à peu le phénomène s'accentuera ; et que deviendra le système, le jour où le traitement des matières sera improductif, le jour où les usines se fermeront? Nous ajouterons enfin, au point de vue des germes, qu'il est impossible en pratique de supposer que jamais aucune communication n'aura lieu à la température ordinaire entre les bassins de réception, les appareils divers, les conduites de retour et le sol ou l'atmosphère. Il faudra débourber les récipients, les munir dans toutes leurs parties de trous d'homme, ainsi que le demande *M. Girard* lui-même. Dans toutes ces manipulations, les germes concentrés, isolés de la masse liquide des égouts, ne trouveront-ils aucune issue, ne viendront-ils pas infecter l'usine et ses abords ? Auront-ils disparu des eaux de lavage et des eaux résiduaires ? Nous ne pensons pas que personne ose l'affirmer.

Et puisqu'il a été parlé de responsabilité, qu'il nous soit permis en terminant nos critiques, et avant d'aborder la défense de notre système, de dire que pour nous, il n'y en aurait pas de plus grave que de marcher contre le mouvement qui entraîne dans une même voie toutes les capitales d'Europe, que de recommander un système qui n'a pas encore fait ses preuves dans la ville et qui n'a que trop montré ses effets dans la banlieue, et qui, quoi qu'on fasse, repose sur une erreur capitale en hygiène publique : la guerre à l'eau.

Projets de l'Administration. — Nous avons eu trop souvent l'occasion d'exposer dans le cours de ce rapport les principes extrêmement simples de l'Administration pour qu'il soit nécessaire de les développer de nouveau. Le système, qui peut rapidement recevoir une large application et qui offre ainsi du même coup une amélioration immédiate et une amélioration d'avenir, se résume dans les termes suivants :

Evacuation immédiate, par l'intermédiaire de l'eau, de toutes les matières hors de la maison.

Entraînement rapide et continu, sans aucune stagnation, dans la masse des eaux d'égout.

Filtration et épuration par le sol.

Comme conséquences :

Suppression des fosses.

Suppression des tuyaux d'évent.

Suppression de la vidange.

Suppression des usines de matières fécales dans la banlieue.

Objections présentées. — Passons en revue les objections que la Commission oppose à ce système si simple, si rationnel à première vue, si largement accepté aujourd'hui en Angleterre et en Allemagne.

En ce qui concerne l'appartement et la maison, nous ne rencontrons aucune opposition de la part des honorables rapporteurs. Ils sont bien forcés de convenir, avec nous, nous le supposons du moins, qu'aucun système n'assure plus rapidement la propreté des logis et l'évacuation des matières infectieuses de toute espèce ; et cela sans aucune dépense excessive ni pour le propriétaire, ni pour la Ville ; 15 mètres de branchements en grès de $0^{m},20$ de diamètre, représentant, à 5 fr. 75 c. du mètre, une dépense de 86 fr. 25 ; tandis que 30 mètres cubes de vidange à extraire d'une fosse coûtent aujourd'hui de 200 à 300 francs, une taxe de 60 francs remplacera cette dépense annuelle en supprimant toutes les horribles opérations de la vidange. Le réseau des égouts, indépendamment de toute projection de matières excrémentitielles, doit être complété et curé à vif fond ; aucune dépense spéciale de ce chef pour l'Administration. Enfin les eaux d'égout, telles qu'elles sont doivent être élevées et épurées par le sol ; l'addition des matières de vidange ne changera rien aux dépenses de cette partie du système d'assainissement de la capitale.

Les objections s'appliquent toutes à l'égout et à ses eaux,

1° Le réseau des égouts de Paris n'a ni les sections, ni les pentes des réseaux des villes étrangères qui ont adopté l'écoulement des vidanges à l'égout ;

2° Les égouts ne peuvent être imperméables et laisseront infiltrer dans le sous-sol les eaux chargées de vidange ;

3° L'addition des matières de vidange changera profondément la nature des eaux d'égouts, augmentera leur odeur et leurs émanations.

4° Les égouts, charriant des eaux ainsi chargées, seront les propagateurs des maladies contagieuses, notamment de la fièvre typhoïde et du choléra.

5° Les microbes, par lesquels se transmettent les maladies contagieuses, échapperont à la fermentation et ne seront pas détruits, lorsqu'ils seront déversés sur les terrains épurateurs. Ils pourront revenir dans la capitale, si des circonstances spéciales, telles que la circulation des vers de terre, les met de nouveau au jour et leur permet de se coller sur les produits comestibles sortis des cultures irriguées.

Sections et pentes des égouts. — 1° En ce qui concerne les sections et pentes des égouts, il est inexact de dire que le réseau de Paris diffère en principe des réseaux étrangers. Les types courants à Londres, Bruxelles, Berlin, ressemblent aux nôtres ; partout on retrouve la forme ovoïde, avec quelques cas exceptionnels circulaires ; nous avons déposé sur le bureau de la Commission l'atlas relatif aux travaux de Berlin, Danzig, Breslau ; on y voit des égouts de 1m,00 à 2m,00 de hauteur sous clef, qu'on croirait empruntés à notre album du service municipal ; à Bruxelles, les deux collecteurs de la Senne sont la copie des collecteurs de Paris, avec la cunette, les wagons-vannes, etc. A Londres, le type normal des rues est un égout ovoïde de 1m,22 sur 0m,76. A Pesth, Odessa, Vienne, etc., toujours les mêmes types.

Et quant aux pentes, nos collecteurs ont au minimum de 0m,30 à 0m,40 de pente par kilomètre. A Londres, les collecteurs n'atteignent pas cette inclinaison : voici comment s'exprime à ce sujet M. de Freycinet ; « à qui revient le mérite, dit M. Brouardel, d'avoir si clairement exposé les principes de l'assainissement des villes ».

« La question abordée la première par eux (les ingé-
« nieurs anglais), à l'origine de la réforme sanitaire, vers
« 1850, a été reprise avec un nouveau soin, dix ans plus
« tard, quand il s'est agi de réaliser le grand drainage
« de Londres. On a reconnu par des expériences multi-
« pliées :

« 1° Que la putréfaction des matières d'égout en sta-
« gnation dans les galeries ne commence à se manifester,
« même dans les conditions les plus défavorables, que
« dans le cours de la deuxième journée. Si ces matières

« sont en mouvement, le moment de leur putréfaction est « toujours retardé :

« 2° Que sous une pente de 2/10.000 ou de 20 centi- « mètres par kilomètre, les liquides d'égout prennent « une vitesse de 2/3 de mètre à la seconde, et qu'à cette « vitesse les matières en suspension, celles, bien entendu, « qui entrent dans la composition normale des eaux « d'égout, ne forment pas de dépôt dans les galeries. « Au-dessous de cette vitesse, les dépôts commencent à « se former.

« Il suit de là que la pente de 2 dix-millièmes, toutes « les fois que les circonstances topographiques permettent « de l'adopter, résoud la question de salubrité. En effet, « à la vitesse de 2/3 de mètre à la seconde, qui lui cor- « respond, ou de 2.400 mètres à l'heure, les liquides « d'égout parcourent dans une journée 57 kilomètres, « soit un espace supérieur à l'étendue d'aucun réseau « d'égout mesuré entre ses points les plus extrêmes. On « ne doit pas d'ailleurs descendre au-dessous de cette « pente, à moins que le curage ne soit assuré artificielle- « ment et de façon à ce que les matières déposées sous « cette insuffisante vitesse n'aient nulle part le temps « d'entrer en putréfaction. »

Il va sans dire que les observations de M. de Freycinet s'appliquent aux eaux d'égout, chargées des vidanges.

A Bruxelles, les collecteurs ont des pentes qui sont généralement de 0^{m},30 seulement par kilomètre. A Berlin, 0^{m},36 et 0^{m},50 ; à Danzig, 0^{m},42 et 0^{m},67. Berlin présente même ce cas spécial, que la pente des égouts est renversée par rapport à celle du sol, c'est-à-dire que les eaux sont ramenées des bords de la Sprée vers la périphérie de la ville où sont placées les usines.

Il n'est donc pas plus exact de dire que nos égouts ont une forme spéciale et contraire au système de l'écoulement que d'affirmer que Londres présente la seule application de ce système.

Notre réseau, loin d'être inférieur, est plutôt supérieur à celui des autres capitales par ses larges proportions et ses accès si faciles.

Le système si ingénieux de curage artificiel par bateaux et wagons-vannes dont l'a doté M. Belgrand et qui a été imité à Bruxelles, lui donne en outre une élasticité toute spéciale pour assurer la continuité du mouvement des eaux et des vases. (C'est par erreur que M. Brouardel dit, page 29, que les collecteurs sont curés seulement deux fois par semaine; le mouvement des appareils de nettoyage y est continu).

Etanchéité des parois. — 2° M. le Dr Brouardel ne veut pas croire à l'étanchéité des égouts de Paris. Il appuie son opinion sur diverses citations d'auteurs étrangers. Mais il n'avait pas besoin d'aller si loin pour constater les faits. Un de nos égouts construit avec soin, en maçonnerie bien serrée, avec un bon enduit de ciment est imperméable. Ceci n'exclut pas le cas de vieux égouts mal faits, mal entretenus comme celui de l'Ecole militaire, sans enduits, etc. ; on ne saurait pas plus conclure de ces cas exceptionnels à une perméabilité générale que d'une fuite de gaz dans un mauvais tuyau, à l'impossibilité d'amener le gaz dans nos boutiques et dans nos rues. Or, dans un très grand nombre de voies publiques, l'égout public passe à $0^{m},60$ de la façade de nos maisons; la moindre fuite infecterait le sous-sol et les caves voisines; M. Brouardel cite-t-il un fait de ce genre? Les citernes du dépotoir reçoivent chaque jour 1.000 à 2.000 mètres cubes de vidanges; depuis 33 ans a-t-on vu des fuites continuelles empester le quartier? A Gennevilliers, les machines refoulent directement les eaux d'égout dans plus de 30 kilomètres de conduites maçonnées. L'étanchéité subsiste, malgré les coups de bélier et une pression de 10 mètres. M. Brouardel dit, il est vrai, à la page 29 de son rapport « qu'il n'a pu vérifier cette assertion ». Cela lui était cependant facile. Il est vrai également qu'il donne une preuve péremptoire, suivant lui, de la perméabilité des parois des égouts : « Dans les « visites que j'ai faites dans les égouts, dit-il, page 32, « j'ai noté plusieurs fois sous le pied des inégalités qui « prouvent que le ciment qui tapisse la cunette est érodé. « J'ai eu, notamment, boulevard de la Madeleine, le talon « de ma botte d'égoutier pris dans une de ces érosions. » Nous oserons faire remarquer que la conclusion ne semble pas se dégager bien nettement d'une simple sensation tactile, faite à travers l'épaisse semelle d'une botte d'égoutier. Un simple petit sondage derrière un piédroit ou sous un radier, ou la constatation de fréquentes inondations des caves riveraines des égouts auraient été plus concluants. Mais enfin, ici, il nous est permis de faire appel à nos connaissances d'ingénieurs et d'invoquer au besoin l'avis de nos collègues de l'étranger. Oui, il est possible et facile de faire des égouts étanches; ceux de Paris, sauf le cas d'avarie anormale, le sont.

Odeurs et émanations. — 3° M. Brouardel redoute que l'addition des vidanges aux égouts ne change profondément la nature de leurs eaux et soit la cause d'odeurs et d'émanations aussi désagréables qu'insalubres.

Nous devons d'abord rappeler les chiffres que nous avons présentés au commencement de ce travail, relativement au cube et à la composition des matières de vidange ; nous rectifierons ainsi les calculs présentés par l'honorable rapporteur à la page 53 de son rapport.

Les vidanges qu'il s'agit d'envoyer aux égouts, c'est-à-dire les vidanges aujourd'hui extraites par les Compagnies, ne dosent au mètre cube que le tiers de l'azote qui correspondrait à la matière pure ; elles sont déjà fortement diluées et si l'on fait le calcul sur les 2.000 mètres cubes extraits moyennement par jour ouvrable des fosses de Paris, on reconnaît que ces 2.000 mètres cubes ne contiennent qu'environ le quart de l'azote produit par la population parisienne ; les trois autres quarts vont déjà en très grande partie aux égouts, par les urinoirs publics, par les plombs des maisons d'ouvriers, par les tinettes-filtres, par les écoulements directs de la Salpêtrière, de la Monnaie, des Invalides, de l'École militaire. Il ne s'agit donc pas d'une révolution à introduire sur la masse totale des vidanges théoriques de 2.000.000 d'habitants ; il s'agit d'appliquer à un dernier quart l'écoulement direct auquel sont soumis déjà la majeure partie des trois premier quarts.

M. le Rapporteur qui omet de signaler ce fait si important, mis en évidence par de nombreuses analyses, semble s'effrayer de la proportion de matières étrangères nouvelles qui va s'ajouter à chaque mètre cube d'eau d'égout : 6 à 9 grammes par litre, soit 6 à 9 kilogrammes par mètre cube ! quelle masse ! D'abord nous ferons observer que 6 à 9 kilogrammes par rapport à 1.000 kilogrammes, poids du mètre cube d'eau, qui n'est qu'une proportion déjà minime, puisque chaque litre de vidange sorti des maisons, sera ainsi noyé dans environ 150 fois son volume d'eau. Mais nous avons fait remarquer que chaque litre de vidange tout venant dose 97 °/₀ d'eau, soit 3 °/₀ seulement de matières organiques et minérales, de telle sorte que lorsqu'on envoie ce litre de vidange aux égouts, on ajoute 970 grammes d'eau et 30 grammes seulement de matières étrangères. Les 6^k à 9^k au mètre cube de M. Brouardel tombent alors à $0^k,18$ et $0^k,27$; sur 1.000^k ou 1 mètre cube d'eau d'égout, on ajoutera donc réellement environ 1/4 kilogramme, soit 1/4.000 de matières nouvelles ; le reste sera de l'eau.

Aussi ne faut-il pas s'étonner que la statistique très détaillée publiée par M. Frankland, n'indique pas en moyenne une différence très tranchée entre la composition des eaux des villes anglaises qui envoient tout à l'égout et des villes qui ont encore des fosses fixes. Il trouve pour les premières au mètre cube $0^k,77$ d'azote totale et $0^k,22$ d'azote organique, et pour les secondes $0^k,64$ d'azote total et $0^k,20$ d'azote organique. M. Brouardel qui n'a pu passer sous silence cette importante remarque faite dans le rapport présenté au Congrès international d'hygiène de 1878, y répond dans les termes suivants, (page 37). « Malheureusement comme « le tableau ne fournit aucun renseignement sur la quan- « tité d'eau reçue dans les villes, ni sur la population, « nous ne pouvons tirer aucune conclusion. » Nous avouons ne pas comprendre ; M. Frankland a pris 33 villes dans des conditions diverses de population ; il les a rangées en deux catégories, celles qui envoient les vidanges à l'égout, celles qui ne les y envoient pas. Il y a analysé leurs eaux d'égout et il présente les résultats de ses analyses, que veut-on de plus ? Du reste la collection complète des remarquables rapports officiels anglais sur la pollution des rivières contient, sur toutes les villes citées, les renseignements les plus circonstanciés ; M. Frankland a opéré, cela va sans dire, avec la plus entière bonne foi et a choisi ses exemples avec la rigueur scientifique qu'on lui connaît.

L'analyse chimique, la quantité et la composition des matières pratiques de vidange ne font donc redouter aucune transformation désastreuse des eaux d'égout. M. de Freycinet est tout à fait net sur ce sujet : « Les « liquides d'égout, même chargés de matières fécales, « n'ont pas, dit-il, par eux-mêmes d'odeurs désagréables, « quand ils sont, bien entendu, étendus de la quantité « d'eau que nous avons indiquée comme le contingent « obligé des villes modernes, soit, au minimum 100 litres « par habitant et par jour... Les matières d'égout fraî- « ches, on ne saurait trop le répéter, parce que le pré- « jugé contraire est encore répandu sur le continent, n'ont « pas, par elles-mêmes, d'odeur susceptible d'incom- « moder les ouvriers et les habitants. »

Il ne faut pas oublier du reste que nous parlons toujours dans le système à adopter des *matières fraîches*, sorties immédiatement des maisons, sans arrêt, sans fermentation et que ces matières n'ont aucun rapport avec les vidanges infectes extraites au bout de plusieurs mois de nos fosses d'aisance. Chacun fait journellement l'expérience du peu d'incommodité de l'urine déposée pendant huit ou dix heures dans un vase de nuit ; chacun sait également la différence profonde entre ces substances fraîches et celles qui sont conservées plusieurs jours ou plusieurs mois sans écoulement.

L'expérience a prononcé du reste depuis longtemps à ce sujet. On peut suivre toutes les grandes voies de Londres et de Berlin ; sur l'axe de la chaussée, on rencontre de petites grilles en fer qui recouvrent de simples cheminées maçonnées ventilant directement les égouts ; on ne sent absolument aucune odeur spéciale, malgré la présence des vidanges de toute la ville. A Paris même, M. Belgrand, dès 1871, et les commissions qui ont inspecté à diverses reprises et tout récemment encore les égouts, n'ont trouvé aucune odeur spéciale dans le collecteur de rive gauche, au point où il reçoit l'égout des Invalides, avec les matières excrémentitielles de 2.000 personnes. Depuis plusieurs mois enfin, même avec les matières de vidanges fermentées, mais diluées dans 100 fois leur volume d'égout, nous envoyons une partie des produits des citernes du dépotoir jusque dans la plaine de Gennevilliers, et, quoiqu'il s'agisse de matières toutes différentes des vidanges fraîches, personne, ni en route ni au débouché, ne s'est aperçu de cette transformation.

Il est vrai qu'on nous oppose ici l'expérience du chien de MM. Boutmy et Descoust. Ces messieurs ont construit une cage de verre hermétiquement close ; ils ont mis dans cette cage divers animaux, notamment des cobayes et un chien ; ils ont placé des matières de vidange, extraites de fosses, c'est-à-dire fermentées, au fond de la cage et les animaux sont morts, empoisonnés par l'acide sulfhydrique, au bout des périodes suivantes :

Cobaye (cage de 15 litres de capacité) ;

Avec vidanges de fosses ordinaires, 5 secondes.

Avec vidanges de fosses désinfectées, 3 minutes ou 180 secondes.

Chien (cage de 112 litres de capacité).

Avec vidanges non désinfectées, 3 minutes ou 180 secondes.

Ces expériences mettent en évidence, contrairement à l'affirmation de M. Brouardel, l'influence des désinfectants, tout imparfaits qu'ils soient au point de vue des germes (ils rendent 56 fois plus longue la période d'empoisonnement pour les cobayes). Mais quel rapport ont-elles avec la question qui nous occupe? Nous parlons d'égouts largement ouverts et aérés; on nous met en présence d'une cage de petites dimensions, absolument close, sans atmosphère renouvelable; nous parlons de matières de vidanges fraîches, diluées dans 150 à 200 fois leur volume d'eau; et on opère avec des vidanges fermentées, surchargées d'acide sulfhydrique, non diluées. Les expériences de MM. Boutmy et Descoust prouvent le danger immense des fosses fixes ou des déversements clandestins de vidange des fosses par masse dans les égouts; et, c'est en effet dans ce but qu'elles ont été instituées (expertise de l'accident du boulevard Rochechouart). Elles appuient donc de la façon la plus complète notre thèse, au lieu de l'infirmer, ainsi que l'a fait éloquemment ressortir M. Emile Trélat, à la séance du 18 mars de la Société des ingénieurs civils. Mais quelque éloignées que fussent les conditions de l'expérience de celles qu'on devra rencontrer dans la pratique, il était bien facile de les répéter avec d'autres matières, plus rapprochées des eaux d'égout futures, tout en maintenant la disposition, si contraire à la réalité, d'une atmosphère fermée et limitée, et se mettant ainsi dans des conditions volontairement anormales et défavorables.

C'est ce que nous avons fait : dans une cage cubant 172 litres, nous avons mis un chien, et au fond les matières suivantes :

1° Matières fraîches diluées au 1/100. Au bout de 1^h,45, sans renouvellement d'air frais, l'animal était encore parfaitement portant. Il commença seulement au bout de ce long temps à paraître un peu fatigué.

2° Matières fraîches, diluées à 1/2, c'est-à-dire à volume égal d'eau et de matières, cas déjà bien éloigné des circonstances les plus défavorables possibles de la pratique. Au bout de $1^h,24^m$, le chien commence à être abattu, on le tire de la cage.

3° Matières fraîches pures, sans dilution. Le chien reste $1^h,15^m$ sans être gêné.

Avec des matières de vidange du dépotoir, c'est-à-dire fermentées, le chien tombait sur le flanc au bout d'un temps toujours assez court, comme dans les expériences de MM. Boutmy et Descoust.

On voit dont l'écart énorme entre les matières fermentées des fosses au point de vue des gaz asphyxiants et les matières fraîches, même dans des conditions bien éloignées de la pratique.

La simple addition de l'eau, même sur les matières fermentées, suffit pour empêcher le dégagement de l'acide sulfhydrique, éminemment soluble. L'expérience de la cage faite avec des matières du dépotoir diluées a permis de conserver le chien, sans accident, pendant plus d'une heure.

Nous pouvons du reste produire à ce point de vue une

expérience en grand, bien plus concluante, puisqu'elle se poursuit chaque jour depuis un mois. Le collecteur départemental est dérivé à la porte de La Chapelle vers la plaine de Gennevilliers par une galerie qui traverse le territoire de Saint-Ouen. A la prise de cette galerie sur le collecteur, se trouvent deux ouvriers de notre service chargés des manœuvres. Or, c'est en ce point que passent des eaux d'égout additionnées à la dose de 1/100 de matières des citernes du dépotoir. Aucun fait, nous ne dirons pas d'asphyxie, mais de simple indisposition ne s'est manifesté : et afin de répondre à toute objection, provenant de la non-continuité du séjour (les ouvriers remontant tous les soirs), nous avons fait mettre un chien en ce même point, et on l'y a tenu attaché du 25 avril à 6 heures du matin, au 30 avril 6 heures du soir, soit 132 heures.

« Pendant ce laps de temps, dit M. le conducteur prin-
« cipal Locquet, chargé de suivre l'expérience, le chien
« couchait sur une botte de paille ; sa nourriture était
« comme à l'ordinaire : deux grosses soupes grasses mé-
« langées d'eau de vaisselle et des os à ronger. Il n'a
« nullement souffert et a conservé toute sa force ; aussi
« dès qu'il a été remonté, à 6 heures, a-t-il pris sa course
« vers Gennevilliers. où il est arrivé vers 6 heures 1/2
« au jardin par le chemin des Cabœufs, le plus court. »

Il faut donc, sur cette question des odeurs et émanations d'égouts, se maintenir sur le terrain pratique; il faut, comme l'a fait l'honorable rapporteur, constater dès aujourd'hui l'absence de toute odeur sensible d'acide sulfhydrique dans le réseau ; il faut, par le calcul et l'expérience, se rendre compte du changement insignifiant qu'apportera l'addition de la fraction de matières fraîches qu'il s'agit d'ajouter ; il faut constater si oui ou non, à l'étranger, dans les cas analogues, il y a péril, si les 234 égoutiers qui vivent dans le réseau métropolitain de Londres sont frappés d'asphyxie, si les cheminées tout à fait primitives d'aération de Londres et de Berlin empoisonnent les passants sur la voie publique.

Nous ne pouvons mieux terminer cette partie de notre réponse qu'en citant encore M. de Freycinet (p. 101) :

« Si l'on suppose le réseau souterrain établi sur ces « bases rationnelles, de telle façon par conséquent que « toute matière putrescible y soit constamment en pré- « sence d'un excès d'eau et ne séjourne jamais plus de « vingt-quatre heures dans les galeries, les exhalaisons, « avons-nous dit, ne sont pas de nature à incommoder « sérieusement les habitants. Il suffit que ceux-ci ne les « laissent point parvenir au sein de leurs demeures, mais « ils peuvent sans danger les laisser s'échapper sur la « voie publique. Dès lors, rien de plus facile que de ven- « tiler largement les galeries : on n'a qu'à maintenir les « bouches des rues toujours ouvertes, ainsi que les portes « d'accès et autres orifices pouvant offrir un libre pas- « sage à l'air. C'est ainsi qu'on opère à Paris, et le renou- « vellement de l'atmosphère intérieure est si actif qu'il « semble presque sur certains points qu'on aurait plutôt « à se garantir contre l'excès de ventilation que contre « son insuffisance. L'efficacité de ces dispositions simples « est encore accrue par le mouvement même du flot « liquide qui ébranle continuellement la couche d'air en « contact avec lui et transmet l'agitation à toute l'at- « mosphère de la galerie. Un renouvellement aussi com-

« plet réagit à son tour de la manière la plus favorable « sur la salubrité de l'égout et contribue à empêcher l'in- « fection ; car il maintient une température modérée et « fournit une quantité d'oxygène qui s'oppose à la fer- « mentation putride. »

Propagation des maladies contagieuses. — 4° La question de la propagation des maladies contagieuses par la voie des égouts n'est pas nouvelle. Elle a fait l'objet d'une longue et savante discussion à l'Académie de médecine en 1877, et nous aurions été heureux de voir l'honorable rapporteur, M. Brouardel, résumer avec sa haute compétence cette intéressante discussion et citer, entre autres, quelques passages des excellents discours de MM. Jaccoud et Bouley. Il a mieux aimé citer un certain nombre d'anecdotes empruntées pour la plupart au livre de Murchison « *la Fièvre typhoïde.* » On comprend quelle réserve nous devons apporter sur le terrain médical ; mais nous avons un droit, celui d'analyser les faits cités et de voir s'ils sont oui ou non favorables au système de l'évacuation immédiate et totale.

Or, il est bon de prendre acte tout d'abord que l'auteur même auquel les citations sont empruntées, ainsi que son traducteur, le Dr Henri Guéneau de Mussy, sont loin d'être défavorables au système de l'écoulement à l'égout. Murchison s'exprime ainsi. (Discours de M. Bouley à l'Académie de médecine et traduction H. Guéneau de Mussy.)

« Si les égouts dans leurs rapports avec la fièvre typhoïde « devaient être regardés simplement comme les véhicules « de la transmission par les déjections typhoïdiques, dans

« toutes les épidémies on devrait s'attendre à ce que la « fièvre sévît particulièrement dans les maisons qui com- « muniqueraient le plus librement avec les égouts publics. « *Cependant, c'est le contraire qu'on observe sou-* « *vent.* Prenons par exemple le rapport officiel adressé « au Conseil privé sur l'épidémie de la fièvre à Forest- « Hill, en 1869 : « La prédominance de la fièvre « typhoïde a été en rapport très évident, dit ce docu- « ment, avec des dispositions défectueuses d'égout : *Là* « *où les maisons étaient reliées avec les égouts* « *publics, le nombre des cas de fièvre typhoïde n'a* « *pas dépassé le minimum.* Là, au contraire, où les « maisons n'avaient que des fosses d'aisance, ou étaient « reliées à des égouts qui ne faisaient partie d'aucun sys- « tème convenable de drainage, ou qui étaient d'une cons- « truction et d'une forme radicalement défectueuse ; en « un mot qui n'étaient que des fosses d'aisance en cul- « de-sac, alors la fièvre typhoïde a atteint son maximum. » Quant à M. H. Guéneau de Mussy, il dit dans la préface de sa traduction de Murchison : « La fosse d'aisance a le « grand inconvénient de devoir être vidée, inconvénient « d'autant plus grand que le remuement des matières « accumulées depuis longtemps est particulièrement favo- « rable à l'explosion de la fièvre typhoïde. *Les égouts* « *constituent le système le plus voisin de la perfec-* « *tion*, mais à une condition, c'est qu'ils soient eux- « mêmes parfaits dans leur construction et dans leur « fonctionnement. » Et dans son rapport lu à la séance « du 21 novembre 1880 à la Société de Médecine publi- « que : « La vidange à l'égout, conforme aux prescrip- « tions de l'hygiène, la seule qui mérite la préférence sur « les fosses, et celle qui entraîne dans son cours rapide « les solides et les liquides... Avec de l'eau en quantité

« suffisante, la vidange complète à l'égout a de grands « avantages sur toutes les autres. »

Comment d'ouvrages dont les auteurs sont aussi nets, tire-t-on des faits qu'on oppose au système dont ils sont les apôtres? C'est toujours le raisonnement de la fuite de gaz, on cite un fait qui s'est produit en un point où il y a malfaçon ou mauvais entretien, et on conclut au rejet du procédé. On constate une fuite de gaz dans une boutique ; vite, fermons tous les becs de Paris et revenons au vénérable quinquet, cet appareil hygiénique qui n'est susceptible, lui, d'aucune explosion dangereuse.

Nous n'exagérons rien ; sans entrer dans aucune discussion, nous énumérerons simplement les faits cités par M. Brouardel.

1° École de garçons de la maison de charité de Colchester, fièvre typhoïde. Élèves travaillant dans une salle voisine d'un égout. « M. Laver fut persuadé que la fièvre était due aux émanations qui provenaient d'un égout *non fermé*, situé dans un passage voisin... L'égout fut fermé et la fièvre disparut promptement. »

2° Ville et château de Windsor. Fièvre typhoïde et choléra. En 1849, le choléra sévit avec plus d'intensité dans le quartier pauvre où les fosses d'aisance existaient encore. En 1858, épidémie de fièvre typhoïde : une longue sécheresse avait fait baisser la Tamise et asséché les réservoirs destinés à permettre des lavages et chasses dans les égouts ; « par conséquent les odeurs s'étaient « accumulées dans les égouts et, à cause de leur venti- « lation très imparfaite, les exhalaisons fétides se répan- « daient directement dans les maisons. » Naturellement, dans le quartier pauvre, dépourvu de branchement à l'égout, moindre influence de ces causes purement accidentelles. Au château royal, où toutes les vidanges vont à l'égout, mais où on lave chaque matin le réseau avec soin, aucun cas de fièvre.

3° Ville de Saint-Étienne (France). Avant les beaux travaux du réservoir du Furens, épidémies annuelles de fièvre typhoïde au voisinage du ruisseau infect qui traversait la ville à ciel ouvert et en recevait toutes les immondices. « Les sources du mont Pillat, dit M. Léon « Collin, ont été captées au moyen d'un barrage admira- « ble, et aujourd'hui Saint-Étienne possède en abondance « une eau de bonne qualité. Le Furens, dans son par- « cours en ville, a été couvert et depuis cette époque, la « fièvre typhoïde a diminué à Saint-Étienne dans de « grandes proportions. »

4° Nous ne citerons que pour mémoire les deux derniers faits invoqués par M. Brouardel, celui d'excréments de typhoïdiques jetés sur un tas de fumier et celui de l'hôpital de Bâle, dans lequel on a reconnu que « les « salles où se produisent l'épidémie étaient longées *par « un tuyau en bois qui conduisait au-dessus des « toits les gaz de la fosse*, et que des fissures de ce « tuyau laissaient se dégager des émanations dans ces « salles. »

En vérité, quel rapport tous ces faits ont-ils avec le système de l'écoulement direct et immédiat dans un réseau d'égout en bon état d'entretien ? De tous se dégage cet enseignement bien simple : que les fosses fixes, leurs tuyaux d'évent et en général tous les récipients ou canaux où croupissent, immobiles, les matières, peuvent devenir des foyers d'infection ; dans tous également, on voit le mal disparaître dès que la circulation est rétablie, quels que soient d'ailleurs les liquides, qu'ils soient chargés ou non de vidanges. Si M. Brouardel avait passé en revue tous les exemples si instructifs cités par Murchison, il aurait fourni une démonstration complète des principes que nous défendons. Nous en prendrons un seul ; il est emprunté à l'hôpital des fiévreux de Londres. Trois policemen du poste de Peckam arrivent atteints de fièvre typhoïde. Les lieux d'aisance du poste se déversaient dans des égouts munis de bonnes trappes. Murchison trouve-t-il là la cause de la maladie? Pas du tout (p. 72) : « L'examen du poste fit découvrir que les lieux « d'aisance du rez-de-chaussée se déversaient, non dans « l'égout principal avec lequel ils n'avaient aucune con- « nexion, mais dans un vieux puits situé immédiatement « au-dessous du passage adjacent à la chambre en ques- « tion. Une accumulation de plus de dix pieds d'ordure « s'était produite depuis des années, et l'ouverture du « puits n'était couverte que par les dalles du passage. Le « cloaque fut comblé et la fièvre cessa, » bien entendu, sans qu'il soit venu à l'idée des officiers sanitaires d'arrêter un seul instant l'écoulement complet et total à l'égout.

Est-il dès lors étonnant que nous voyions dans toutes les villes où cet écoulement a été adopté, la mortalité et spécialement celle qui est due à la fièvre typhoïde, baisser d'une manière notable? M. Brouardel esquisse une discussion sur ce terrain à la page 68 de son rapport. Il cite quelques chiffres empruntés aux entrées de malades à l'hôpital des fiévreux de Londres. Il trouve des chiffres plus élevés de 1865 à 1870 que de 1847 à 1865. Il ne nous parle pas, il est vrai, de l'accroissement énorme de la population de Londres qui a presque doublé dans cette période, ni du développement de l'hôpital lui-même ; il est clair que des chiffres absolus non rapportés à un nombre constant d'habitants ne signifient absolument rien. Mais en tout cas il fallait considérer la population entière de Londres, compter le nombre des cas de fièvre typhoïde, les rapporter à un nombre constant d'habitants, et voir si la marche ascendante indiquée par M. Brouardel se continuait. Ce travail nous l'avons fait, grâce à l'obligeance de Mme Emilie Bowell Sturge, docteur médecin de la Faculté de Paris, qui a bien voulu consulter les originaux, les documents officiels du Register général d'Angleterre.

Voici les faits réels :

Années.	Population de Londres	Décès par fièvre typhoïde.		
		Nombres bruts.	Nombres rapportés à 100.000 habitants.	
	Habitants.			
1869	3.176.308	1.055	33	soit 26,45 en moyenne.
1870	3.221.394	976	30	
1871	3.266.398	885	27	
1872	3.311.298	824	25	
1873	3.356.073	921	27	
1874	3.400.701	883	26	
1875	3.445.160	842	25	
1876	3.489.428	781	22	
1877	3.533 484	886	25	
1878	3.577.304	1.010	28	
1879	3.620.868	861	23	

Ainsi, depuis 1869, baisse à peu près continue coïncidant du reste avec une mortalité générale très satisfaisante et qui se résume dans les chiffres suivants :

Années.	Mortalité par 1.000 habitants.	
1840	25	
1840 à 1850	24,8	
1850 à 1860	23,7	
1860 à 1870	24,4	
1870	24,1	Moyenne : 23,0
1871	24,6	
1872	21,6	
1873	22,5	
1874	22,6	
1875	22,8	
1876	22,2	
1877	21,9	
1878	23,5	
1879	23,3	

Nous avons presque honte de mettre en regard de ces chiffres, qui s'appliquent à la ville la plus considérable qui pratique le tout à l'égout, les suivants, relatifs à Paris, la ville conservatrice des vidanges :

Années.	Mortalité. Totale par 1.000 habitants.	Mortalité. Par fièvre typhoïde par 100.000 habitants.	
1865	30,2	62	
1866	28,1	55	
1867	23,8	48	
1868	25,1	50	
1869	25,1	54	
1870	40,3	135	Guerre
1871	41,6	230	et Commune.
1872	21,7	51	
1873	22,5	51	
1874	21,9	44	
1875	24,6	52	
1876	26,2	110	
1877	23,9	60	
1878	24,1	43	
1879	25,7	56	
Moyennes (sans tenir compte des années 1870-1871)..........	25,15	56	

Ainsi, les cas mortels de fièvre typhoïde sont plus de deux fois plus nombreux à Paris qu'à Londres, et la mortalité moyenne y atteint en même temps un chiffre plus élevé. Nous regrettons que M. Brouardel n'ait pas cité ces résultats officiels et qu'il ait tiré quelques conclusions des chiffres empruntés à un seul établissement hospitalier de Londres, où le minimum des entrées a lieu en 1869 (369 cas) et le maximum en 1870 (395 cas), quand, pour l'ensemble de Londres, la proportion est exactement renversée, offrant un *maximum* (1.055 cas), précisément en 1869. M. le rapporteur commet également une singulière erreur quand il cite à l'appui de sa thèse la phrase de Murchison : « Il est à remarquer que cet « accroissement d'intensité de la fièvre typhoïde a eu « lieu en même temps qu'on exécutait des travaux im- « portants de drainage. » Il semblerait que c'est de 1865 à 1870 qu'a eu lieu l'addition des vidanges aux égouts à Londres, et que c'est ainsi que s'expliquerait l'augmentation des cas. Or, la suppression des fosses fixes date de 1819. Ce que Murchison veut dire, c'est que dans cette période on a exécuté les grands collecteurs de Londres et qu'ainsi le mouvement des terres et la mise à nu des matières organiques a pu contribuer à développer passagèrement les cas typhoïdiques. On a vu du reste plus haut que cette influence, si elle a existé, a bien vite disparu.

On nous permettra d'ajouter quelques autres exemples : nous pensions que la commission, en pénétrant dans ces graves questions d'hygiène, produirait quelques chiffres officiels empruntés à l'étranger. Nous présenterons ceux qui nous semblent compléter l'exemple si frappant de Londres.

A Bruxelles, la transformation du système des vidanges est aujourd'hui un fait accompli : dès 1857, les habitants étaient autorisés par le règlement sur les bâtisses à jeter aux égouts les liquides clairs de vidanges, ils profitèrent de cette tolérance pour écouler la totalité des vidanges ; en 1869, 1870, 1871, furent construits les collecteurs recevant ainsi la totalité des matières, calqués sur ceux de Paris et curés comme eux au wagon-vanne. Or voici les chiffres qu'a bien voulu nous communiquer M. le Dr Janssens, directeur du service municipal d'hygiène.

Mortalité générale. (Sur 1.000 habitants.)

1842-1847......	27,8	
1848-1853.	27,2	
1854-1859......	27,3	
1860-1865......	27,0	
1865-1871......	31,1	Épidémies de choléra, de fièvre typhoïde. Exécution des collecteurs.
1872-1877......	24,2	
1878-1879......	21,2	Chiffres relevés sur le bulletin, statistique municipale.
1879-1880......	23,3	

Fièvre typhoïde. (Cas mortel sur 100.000 habitants.)

1864.......	62	
1865.......	49	
1866.......	58	
1867.......	57	
1868.......	50	
1869.......	292	Épidémies. Exécution des collecteurs et couverture de la Senne.
1870... ...	46	
1871.......	227	
1872.......	35	
1873.......	49	
1874.......	78	
1875.......	37	
1876.......	46	
1877.......	27	
1878.......	36	
1879.......	40	
1880.......	36	

On voit encore ici la distance qui sépare Paris de la capitale de la Belgique. « Je n'hésite pas, dit M. Janssens, « à admettre que les grands travaux d'assainissement « opérés il y a quelques années à Bruxelles, ont largement contribué à diminuer le chiffre de la mortalité. » Je regarde, ajoute l'ingénieur chargé aujourd'hui des»

« égouts, M. Van Mierlo, comme ce qui existe de mieux, « de plus pratique, le système de Bruxelles, c'est-à-dire « écoulement immédiat à l'égout de toutes les eaux et « matières fécales, aménagement des égouts tel que ces « dépôts ne s'y forment pas ou presque pas. »

A Francfort-sur-Mein, la transformation des conditions de l'hygiène publique n'est pas moins remarquable. Elle est résumée par les chiffres suivants, produits par le Dr Varrentrapp dans une lettre toute récente au Dr Erhardt.

Années.	Nombre de water-closets avec écoulement à l'égout.	Décès par fièvre typhoïde rapportés à 100.000 habitants par an.
1851-1853	0	86
1854-1856	0	83
1857-1859	0	91
1860-1862	0	72
1863-1865	0	47
1866-1868	0	61
1869	0	36
1870	49	89
1871	400	76
1872	1.926	57
1873	4.085	63
1874	7.077	112
1875	11.054	43
1876	13.691	35
1877	16.048	16
1878	18.151	23
1879	19.931	28

A Hambourg, même progression :

Mortalité générale. (Par 1.000 habitants.)

de 1845 à 1853.......	39
de 1854 à 1861.......	29
de 1861 à 1869.......	25,7

Quant à la fièvre typhoïde, la période récente de 1872 à 1874 donne dans les quartiers où les fosses ont été supprimées 26,8 décès sur 100.000 habitants, dans les quartiers où la transformation est partielle 32,0 et dans ceux où l'on a conservé les fosses 46.

A Danzig, le Dr Lévin présentait au nom de tous ses collègues, à la réunion des médecins et naturalistes allemands, en 1880, un mémoire très complet « sur la mortalité de Danzig de 1868 à 1879, » et il arrivait aux chiffres et aux conclusions que nous avons résumés dans notre rapport sur l'assainissement des villes allemandes : « La mortalité, avant 1869, atteignait une moyenne de « 35,69 pour 1.000 habitants, avec des maxima de 49,18 « et 95,18 dans certains quartiers de la vieille ville. En « 1870-1871, lorsque la distribution d'eau fonctionnait « déjà, mais lorsque les égouts étaient en construction, « il y avait une légère amélioration, et le taux de la mor- « talité était de 36,25. De 1872 à 1879, après la projec- « tion des matières fécales à l'égout, l'achèvement du « réseau et la mise en train des irrigations, la moyenne « est tombée à 28,59, en progrès de 21 % sur l'ancienne « mortalité. Dans l'Altstadt, le progrès est encore plus « sensible, passant de 45,92 à 33,49 avec 27 % d'amé- « lioration. Dans certaines fractions de quartiers, comme « le Kneipab où l'eau a bien été introduite, mais où les « égouts n'ont pas encore été modifiés pour recevoir les « vidanges, le progrès a été plus lent, 30,64 au lieu de « 33,58 avec une amélioration de 9 % seulement. »

Enfin, à Berlin où la transformation est en cours d'exécution et ne s'applique encore qu'aux 3/5 de la ville, l'amélioration se manifeste déjà. La mortalité qui était de 37,74 pour 1.000 de 1841 à 1850, de 37,33 de 1855 à 1860, de 38,90 en 1871, est descendue à 29,50 pour les douze derniers mois, et la fièvre typhoïde est déjà au-dessous des chiffres de Paris, 36 cas mortels pour 100.000 habitants. L'éminent R. Virchow qui fut le rapporteur général de la commission municipale en 1873 n'a pas à regretter les conclusions si nettes qu'il a prises en faveur de l'écoulement à l'égout et des irrigations, dans son remarquable travail « für die Untersùchung der auf die Kanalisation ùnd Abfuhr bezüglichen Fragen. »

Si tous les faits qui viennent d'être énumérés ne se passaient pas de commentaire, s'il était besoin, même en admettant la théorie générale de la propagation des maladies par germes, de rechercher ce qui pourrait expliquer la supériorité des villes où les matières excrémentitielles sortent immédiatement des maisons et sont entraînées par le torrent des égouts, on pourrait faire remarquer que les débris de toute sorte, les microbes comme les poussières, ne séjournent jamais dans ce cas ni dans les habitations, ni dans le réseau des égouts ; ils ne peuvent se répandre à l'état sec dans les appartements et les cabinets, ainsi que cela arrive fatalement dans les systèmes qui excluent plus ou moins l'eau comme véhicule ; dans les égouts, ils trouvent une atmosphère constamment chargée de vapeur d'eau (Rapport de M. Brouardel, p. 23) et saturée ; ils se collent humides aux parois et ne s'en détachent qu'au moment où les grandes pluies font un énergique lavage de toute la section et versent en une seconde dans le réseau des égouts parisiens des masses d'eau énormes.

L'assainissement du logis, l'assainissement intérieur de la ville est assuré, et les statistiques ne pouvaient qu'être concordantes, ainsi que nous l'avons exposé ci-dessus.

Danger du retour des germes des maladies contagieuses. — 5° Il ne nous reste, ce semble, qu'une dernière objection à examiner. Elle se formule ainsi :

En admettant la supériorité du système de l'évacuation immédiate et de la circulation sur tout autre, en admettant qu'en moins de 24 heures, c'est-à-dire avant tout développement dangereux des germes typhoïdiques, toutes les eaux soient amenées au débouché des collecteurs, élevées par machine et envoyées sur les terrains épurateurs, ces eaux seront chargées de tous les germes infectieux ; placés sur le sol, ces germes pourront ne pas être détruits par l'oxydation générale des matières organiques ; ils seront repris avec les produits comestibles recueillis sur les champs épurateurs ; ils seront réintroduits dans la ville et ingérés par les habitants ; ils développeront une nouvelle épidémie.

Cette objection repose sur les faits nouveaux acquis à la science par les travaux récents de M. Pasteur, relatifs à la septicémie et surtout au charbon.

Sans discuter un seul instant les expériences de M. Pasteur, que le nom seul de leur auteur suffit pour mettre hors de conteste, nous demandons la permission de bien préciser le mécanisme et les conséquences possibles de ces expériences, en ce qui concerne la question actuelle.

Tout d'abord, il y a un fait aujourd'hui incontestable, c'est la purification absolue par le sol des eaux les plus impures versées à la surface. M. Schlœsing, au moment de l'enquête sur l'assainissement de la Seine, a produit à ce sujet un travail qui a fait époque dans la science. Il a reconnu, ainsi que l'avait déjà démontré Frankland sur le sewage anglais, additionné naturellement de matières de vidanges, que les eaux d'égout filtrees à travers 2 ou 3 mètres du sol perméable offraient la plus grande pureté au point de vue organique. Le fait avait déjà été vérifié par nous-même; il l'a été depuis par M. Marié-Davy; les drains qui existent aujourd'hui dans la plaine de Gennevilliers permettent à tout chimiste comme au public de vérifier le fait durant tout le cours de l'année. Mais M. Schlœsing a mis en évidence le mécanisme de cette admirable purification ; elle est due à un microbe spécial qui se trouve dans l'humus et dans les eaux d'égout, et qui, oxydant les matières organiques, au moins toutes celles qui sont dissoutes, transforme en azotates minéraux les éléments fermentescibles. Au point de vue chimique, la théorie comme la pratique concorde ainsi à donner l'assurance que le sous-sol des champs épurateurs ne recevra jamais que des eaux parfaitement claires et pures. M. Pasteur a bien voulu reconnaître ce résultat considérable de la manière la plus nette dans la séance de la commission du 5 mai et faire de l'eau souterraine de Gennevilliers un éloge, précieux dans une bouche aussi autorisée.

Mais parmi les parties retenues au passage peuvent se trouver les microbes infectieux, et, malgré le résultat si considérable obtenu déjà sur les eaux filtrées, l'objection semble subsister.

Nous devons ici nous demander quels sont, au juste, ceux de ces microbes qui sont connus, qui ont été isolés, sous quelle forme ils se présentent, comment, contrairement à l'opinion commune de nos cultivateurs, ils peuvent ressortir du sol et recommencer leur rôle infectieux.

M. Bouley, dans l'éloquent résumé des travaux de M. Pasteur, lu en présence de ce dernier à la séance du 21 février 1881 des agriculteurs de France, et justifiant la médaille d'honneur accordée à l'éminent savant, s'exprime ainsi :

« Le charbon est la maladie de la bactéridie au même « titre que la gale est la maladie de l'acare.

« Mais la bactéridie, ce microbe dont le charbon pro- « cède à coup sûr, n'a pas en elle une grande ténacité « de vie. La substance molle dont elle est constituée est « détruite facilement par l'action des agents extérieurs, « ou dans les mouvements de la fermentation putride. « Et cependant l'observation des faits de la pratique ne « laisse pas de doute sur la ténacité des virus charbon- « neux.

M. Bouley expose alors que M. Koch de Breslau « re- « connut que le mode de reproduction par fragmentation « et par génération de *spores* sous forme de corpuscules « brillants était propre aussi aux bactéridies charbonneuses. » Ce sont ces spores dont M. Pasteur démontra la vitalité, qui se développent dans l'urine, résistant à une température de 90 à 95°, à la putréfaction, à la pression, etc.

« Mais, ajoute M. Bouley, ces spores des bactéridies « charbonneuses n'ont pas de facultés locomotrices. Com- « ment donc se fait-il qu'elles puissent émerger des fos- « ses profondes de 2 mètres où les cadavres des ani- « maux charbonneux ont été enfouis ? C'était là un autre « problème que posait la pratique. M. Pasteur l'a résolu

« de la manière la plus inattendue. Si les spores sont im-
« mobiles, les vers de terre leur servent de moyens de
« transport. — Dégluties avec les parcelles terreuses où
« les vers trouvent les éléments de leur nourriture, les
« spores reviennent à la surface, et, rejetées de leurs
« corps, avec les matières terreuses qu'ils expulsent,
« elles se retrouvent à la portée des moutons qui vien-
« nent paître sur les fossés d'enfouissement et chez ceux
« de ces animaux qui ont pu se les inoculer par les voies
« digestives, elles reconstituent des colonies bactéridien-
« nes qui y pullulent à l'infini et traduisent leur présence
« par la manifestation de la maladie charbonneuse. »

Ainsi, voici quels sont les faits réduits à leur plus simple expression ; si la bactéridie du charbon sous sa forme ordinaire, disparaît rapidement au moment de la putréfaction, les spores brillantes résistent ; mais ce sont les vers de terre qui vont les chercher et les mettent à la surface, mélangés à leurs propres excréments.

C'est là que des moutons, si le retour à la surface par les vers a eu lieu, peuvent venir aspirer les spores et les ingérer, « par suite de l'habitude bien connue qu'ont les moutons de flairer sans cesse la terre sur laquelle ils sont parqués. » C'est ce qui a été reconnu par une commission dont faisaient partie MM. Pasteur et Bouley à la ferme de Rozières, près Nanteuil-le-Haudouin (Oise). — M. Brouardel cite intégralement la communication faite par M. Pasteur à ce sujet. Sur sept moutons amenés chaque jour au-dessus d'une fosse, où on avait enfoui, il y a douze ans, de nombreux animaux charbonneux, deux ont contracté le charbon et sont morts ; les autres sont restés bien portants. — La fosse n'était recouverte d'aucune végétation ; M. Pasteur spécifie bien que c'est par l'aspiration directe que les moutons ont, d'après lui, contracté le charbon. — Si les conditions locales ne se prêtent pas à la sortie du sol des spores charbonneuses, ou si les animaux se contentent de manger les herbes à une certaine distance du sol, de manière à ne pas ingérer les spores, celles ci restent sans effet quoiqu'elles existent dans le sol et le sous-sol, et M. Collin d'Alfort a pu citer, sans qu'il y ait lieu, suivant nous, de trouver la chose extraordinaire ni contraire aux faits indiqués par M. Pasteur, un grand nombre de cas où des animaux ont mangé l'herbe poussée sur des cadavres charbonneux, sans contracter le moindre charbon. Dans le même ordre d'idées, M. Pasteur nous apprend que le fermier de Rozières, M. Gâté et sa famille se nourrissent de légumes poussés dans le jardin où sont enfouis les animaux charbonneux ; ce jardin a 40 ares de superficie ; le nombre d'animaux morts chaque année est de cent environ. M. Gâté cultive toutes sortes de légumes dans son jardin ; on les mange cuits ou crus, selon leur espèce ; ce sont spécialement des pommes de terre qui sont cultivées au-dessus des fosses charbonneuses. Le charbon existe du reste dans tous les environs de longue date, et se manifeste notamment dans une ferme voisine, tenue par M. Devauge, qui, lui, enterre au loin et hors de la portée de ses troupeaux, les animaux charbonneux.

Tels sont, dans leur instructive simplicité, les faits, les seuls faits constatés par M. Pasteur et ses collaborateurs. Ils sont absolument restreints au charbon ; l'honorable M. Pasteur a reconnu avec la plus grande netteté dans la séance de la commission du 5 mai, que pour toutes les maladies humaines contagieuses, et notamment pour le choléra, la fièvre typhoïde, etc., la science n'avait aucun fait du même genre qu'elle pût affirmer. Nous regrettons, en conséquence, que par une généralisation que rien n'autorise pour l'instant, M. le rapporteur Brouardel parle constamment des « germes morbides, agents de contagion de *certaines* maladies » ; qu'il nous permette de le lui dire, ceci n'est pas un langage scientifique ; les germes du charbon ont seuls été isolés dans les expériences précitées ; des recherches ont été également faites sur la septicémie ; le reste est pour l'instant simple hypothèse.

Ainsi que l'expliquait d'une façon si intéressante l'honorable M. Pasteur dans la séance du 5 mai, nous sommes environnés, couverts, imprégnés de millions de germes de toute espèce ; nous ne pouvons faire un geste, un mouvement, sans en soulever un nuage ; une parcelle de notre salive inoculée à des animaux leur cause les accidents les plus graves, quoiqu'elle sorte de la bouche d'êtres humains en parfaite santé. — Au milieu de ces générations microscopiques innombrables, l'homme continue à vivre et à propager sa race depuis des siècles, et ce n'est, Dieu merci, qu'à de rares intervalles que les épidémies se manifestent. Est-il permis, dans l'état de la science, de conclure sans réserve du charbon, maladie d'un caractère tout spécial infectieux au premier chef, aux autres maladies plus ou moins contagieuses ?

La conclusion pratique à tirer de cet état réel des choses n'est-elle pas toujours l'usage large et abondant de l'eau, qui seul permet d'entraîner la masse des corpuscules qui peuvent être plus ou moins suspects et dont nous avons intérêt à débarrasser à court terme nos logis et nos cabinets d'aisances ? Puis, l'épandage des eaux dans un terrain déterminé, n'assure-t-il pas par la perméabilité et la faculté oxydante de ce dernier, la purification absolue des eaux filtrantes, ne retient-il pas, sur un espace connu et facile à surveiller, toutes les matières et germes solides? Le sol, même vierge d'engrais organiques, renferme en son sein des millards d'êtres vivants microscopiques ; on en a compté un million dans un centimètre cube ; c'est l'un d'entre eux qui assure la nitrification des matières organiques. Depuis des siècles, la culture emploie des fumiers, chargés des immondices de la ferme, contenant les germes fournis par les matières excrémentitielles des hommes et des animaux. Personne, que nous sachions, ne propose encore à la culture d'abandonner l'usage du fumier qui devrait bien, lui aussi, être suspect aux personnes trop pressées de généraliser la théorie du charbon. Il est difficile de comprendre comment et pourquoi les eaux d'égout, chargées ou non de vidange, seraient plus suspectes que le plus vieux et le plus incontesté des engrais. — Elle devraient l'être moins; car est-ce dans une ville comme Paris que les éléments charbonneux peuvent se rencontrer fréquemment dans les égouts? Puis, avec le mouvement continu et permanent par l'eau et par l'eau seule, y a-t-il le danger de répandre les germes au hasard dans l'atmosphère, comme dans les manutentions et transports des vidanges ou du fumier ?

Sur les sols secs et sablonneux qui forment les caps de la Seine, les vers de terre sont extrêmement rares ; les quelques spécimens qu'on peut y rencontrer sont rapidement tués par l'eau d'égout elle-même et viennent mourir dans l'eau des rigoles d'irrigation, comme nous avons pu le constater à Gennevilliers. Nous demandons pardon d'insister sur un détail aussi mince en apparence. Mais aussi, il faut bien se rappeler le caractère d'immobilité propre des germes du charbon ; aucun ne peut sortir du sol de lui-même et le seul procédé d'ascension bien constaté jusqu'ici est le fait de la digestion des vers de terre. — *A fortiori*, même dans ce cas, même ramenée à la surface du sol, la spore charbonneuse ne peut s'élever ; non seulement elle ne saurait créer le moindre danger pour la région où se fera l'épuration, mais on ne voit pas comment elle pourrait s'accoler aux tiges et aux feuilles des végétaux. Il est à peine besoin de faire remarquer qu'en vertu des lois élémentaires de la physiologie végétale, elle ne peut pénétrer dans les tissus mêmes des plantes, et que, non seulement la cuisson, mais un simple lavage assureront une innocuité, dont le fermier de Rozières et sa famille, qui vivent des produits végétaux recouvrant une véritable nécropole charbonneuse, sont une preuve bien saisissante ; et, nous le répétons encore une fois, rien, absolument rien ne permet, à l'heure actuelle, de généraliser le cas si spécial du charbon, qui est précisément l'une des plus rares affections signalées dans les villes. Ainsi, au champ épurateur, aucune trace de danger pour les contrées voisines ; pour la cité, qui peut absorber les produits, aucune altération des produits végétaux ; la cuisson, le lavage peuvent débarrasser de toute poussière suspecte les produits comestibles ; et avec toutes les précautions qu'imposera forcément le mécanisme d'épuration, ces poussières seront moins à redouter que celles que peuvent émettre le fumier courant de la ferme, la poudrette ou le terreau des maraîchers de la banlieue. Enfin, à la grande rigueur, si la science faisait de nouvelles découvertes, si, parmi les milliards de microbes qui nous inondent dans l'air et dans les eaux, on parvenait à distinguer, à isoler celui d'une véritable maladie humaine contagieuse, si ses mœurs se rapprochaient de celles des microbes du charbon, sera-t-on absolument forcé de vendre à la halle les produits des champs épurateurs, et puisqu'ils seraient dans la main de l'administration, ne pourrait-on incinérer leurs produits, coupés à ras de terre, et anéantir ainsi, grâce à une concentration économique, opérée sans combustible, sans usine infecte, les germes les plus rebelles à la putréfaction? Mais là n'est pas l'avenir : il ne s'agit pas d'un système sorti tout armé du cerveau d'un inventeur; il s'agit de procédés, suivis à Édimbourg, Milan, Valence, depuis plus d'un siècle, dans 68 villes anglaises depuis plusieurs années, à Berlin et Danzig, à Breslau, à Paris enfin, où la plaine de Gennevilliers est là comme preuve vivante. Où et quand a-t-on signalé une épidémie spéciale soit dans le voisinage des champs irrigués, soit parmi ceux qui consomment spécialement les produits de ces champs?[1] Les cultivateurs de la Flandre, ceux de la Provence, les Chinois, les Japonais songent-ils à abandonner l'usage séculaire de l'engrais humain? Toute notre culture est-elle prête à rejeter le fumier de ferme comme l'ennemi de la santé publique?

Non, car il faut en toutes choses se garder des généralisations hâtives : le progrès réel est lent, mais sûr. — C'est à ce titre que l'introduction libérale de l'eau dans les maisons et sur la voie publique devient peu à peu, de toutes parts, la loi primordiale de l'assainissement municipal; c'est à ce titre que le développement complet d'un large réseau d'égouts s'impose comme le seul procédé compatible avec l'enlèvement rapide et hygiénique de tout le *caput mortuum* des grandes cités; c'est à ce titre que l'isolement dans les fosses des matières de vidange, leur transport barbare à la tonne, leur traite-

1. Voir ci-dessous la lettre du Dr Frankland.

ment odieux à chaud sont avec raison poursuivis d'une réprobation unanime ; c'est à ce titre que le vieil exemple d'Édimbourg et de Milan a créé les terrains municipaux d'épuration d'Angleterre et d'Allemagne et créera, plus tard, les vastes espaces d'utilisation agricole, tout en permettant de suite l'assainissement complet de la cité entre ses murs et dans sa banlieue.

Paris, 13 mai 1881.

ALFRED DURAND-CLAYE,
Ingénieur des Ponts et Chaussées.

LETTRE DE M. LE Dr FRANKLAND

A M. MILLE
Inspecteur général des Ponts et Chaussées.

SUR LES EAUX D'ÉGOUT

17 mai 1881.

Cher Monsieur,

En réponse à votre lettre du 12 courant, je vous dirai que j'ai suivi avec le plus vif intérêt les dernières recherches de votre illustre compatriote, M. Pasteur, et je les considère comme de la plus haute importance au point de vue de la santé publique. Je suis d'accord avec lui sur ce point que des germes de maladies d'espèces diverses sont probablement soumis aux mêmes lois de développement que les bactéries ordinaires et le poison du charbon.

Pourtant ces considérations n'ont point modifié mon opinion sur l'innocuité de l'irrigation par les eaux d'égout; car cette innocuité est prouvée par une ample série d'épreuves, tandis que les conditions qui favorisent ou détruisent les bactéries sont encore à peine connues ; et il n'est pas improbable que les agents qu'on considère comme incapables d'affecter la vitalité de ces organismes n'aient la force d'exercer rapidement sur eux une influence fatale, tandis que d'autres agents réputés mortels à l'égard des mêmes organismes peuvent les laisser sans atteinte. Ce qui a été prouvé par des expériences récentes dans mon laboratoire, c'est qu'alors que les bactéries vivent et multiplient dans l'acide sulfurique, le cyanogène et d'autres poisons mortels, elles sont promptement détruites par cet élément si inoffensif : le fer métallique.

Qu'il y ait, dans la nature, des agents puissants pour la destruction des germes de maladie, on n'en saurait douter : autrement, la race humaine serait depuis longtemps exterminée. Ces agents constituent encore, pour la plupart, un problème non résolu ; mais l'expérience paraît montrer que quelques-uns d'entre eux agissent dans le procédé de l'irrigation par les eaux d'égout, car il a été maintes fois démontré dans notre pays que les eaux d'égout, *même infectées par le choléra et la fièvre typhoïde*, n'ont jamais, tant qu'elles sont employées en irrigation, transmis de maladie soit à ceux qui vivent sur les terres arrosées, soit à ceux qui en consomment les produits, quoique à *priori*, je l'avoue, on soit disposé à prévoir le contraire.

Croyez-moi, etc.

E. FRANKLAND.

Imprimerie D. Bardin et Cie, à Saint-Germain.

8

www.ingramcontent.com/pod-product-compliance

Lightning Source LLC
LaVergne TN
LVHW020434230826
846091LV00004B/1499
9782013630405